_____ 님께,

당신의 매일을 응원합니다.

_____ 드림

돈을 부르는 매너

돈을
부르는
매너

당신의 매너가 당신의 자산이다

민경남(시네케라) 지음

데이원

나를 항상 지지해 주는 아내 선영이에게,

내 삶의 원동력인 아들과 딸에게,

제게 가르침을 준 모든 선후배님들에게 바칩니다.

우리의 자녀들도 이따금씩 이 책을 읽어 보며

매너 있는 어른으로 자라서

삶의 행복을 누리기를.

저자 소개

성실한 남편이자 다정한 아빠. 필명 시네케라는 Sincerely에서 따 왔으며, 지금까지 그래 왔던 것처럼 앞으로도 정직하게 살며 신뢰를 중시하자는 다짐이 담겨 있다.

12년간 자산운용회사에서 부동산 펀드 매니저로 근무했고, 지금은 부동산 투자 전문회사 KN Properties 등의 대표로서 부동산 투자의 세계에서 열심히 뛰고 있다. 한국자산관리공사, KB 경영연구소에서 자문위원으로 활동했으며 부동산 관련 강연과 칼럼 기고 활동 또한 활발히 하고 있다.

 블로그 ◀
부동산 전업 투자자의 부동산 투자 이야기

어떻게 하면 더 재미있고 의미 있는 삶을 살 수 있을지가 인생의 화두이며, 매년 '시네케라와의 저녁식사'를 경매에 올려 그 수익을 삼성병원, 세브란스병원 등에 기부하는 이벤트를 개최하기도 한다. 저서로는 《돈 버는 부동산에는 공식이 있다》, 《지금부터 부동산 투자해도 부자가 될 수 있다》가 있다.

그동안 많은 매너 고수들과 함께 일하면서 매너가 돈을 부른다는 사실을 깨닫고 이에 대해 블로그에 글을 쓰다가, 다 같이 매너를 공부하고 성장하면 좋을 것 같아 용기를 내어 이 책을 출간하였다. 사회 초년생은 평생 필요한 지식의 기초를 공부하는 마음으로, 이미 매너가 몸에 익었다고 생각하는 사람은 다시 한번 점검하는 마음으로 이따금씩 이 책을 들춰 본다면 좋겠다.

이메일 kn.min1121@gmail.com

▶ 텔레그램
시네케라의 숫자 이야기

추천사

척추가 건강한 운동 능력에 중요하듯이 매너는 비즈니스 성공에 기본 아닐까. 기본의 중요성을 알고 잘 관리하고 싶은 이들에게 일독을 권한다. 후배지만 만날 때마다 배우는 점이 있는 민경남 대표가 또 한 권의 좋은 책을 낸 덕분에 나 또한 배우는 바가 있었다. 누구나 알 것 같지만 막상 배울 곳은 마땅치 않은 비즈니스 매너에 대해 한번 돌아볼 수 있는 기회를 주는 책. **김동윤 | 서울척병원 이사장**

아직까지도 '이런 상황에선 뭐가 매너에 맞는 행동일까' 하고 망설일 때가 있는데 고민하는 대신 이 책을 펼쳐보면 좋을 것 같다. 심지어 사이즈도 아담해서 두꺼운 책을 싫어하는 나에게 딱이다! **지진희 | 배우**

이 책은 내가 근 20여 년간 시행착오를 통해 배운 사회생활에서의 매너를 정리해 주고 나에게 확신을 준다. 현대 사회에서 어떤 역할을 하는 사람이든 이 책을 읽어 보면 자신을 한층 더 발전시킬 수 있는 예의범절을 알게 될 것이다.

배상민 | 국순당 대표이사

내가 아는 지인 중 매너가 좋은 사람을 꼽으라면 단연코 민경남 대표였다. 약속 시간보다 30분 일찍 도착했다는 첫 만남의 신선한 충격은, 그것이 그의 일상임을 알고 이 사람이 성공한 이유를 깨닫는 단면에 불과했다. 사람을 대할 때 선을 넘지도, 또 너무 멀리 떨어지지도 않고 딱 적당함을 지키는 기분 좋은 노하우가 집약된 책이다. 매너는 상대에 대한 배려이기도 하지만, 내가 괜찮은 사람이라고 확신하는 자존감의 출발이지 않을까. **조수빈 | 아나운서**

차례

①

진실과 기본

②
대화와 지혜

③
비즈니스 매너

④

디지털 매너

⑤

자기 관리

서문

세상 사람 모두가 기본 예의범절을 갖춘다면 사회생활이 한결 편해질 거라는 데에는 다들 동의할 것입니다. 그만큼 사회인에게 매너는 중요합니다. 직장에서도 매너가 좋은 사람이 승승장구하는 경우가 많고, 사업을 할 때도 매너가 좋은 사업가에게 보다 많은 운이 따르기 마련입니다.

하지만, 우리 주변에 소위 말해 '기본'을 모르는 사람들도 많습니다.

약속 시간에 말도 없이 늦게 오거나, 늦게 오고 미안하다는 말도 안 한다거나, 어려운 부탁을 문자로 한다든가, 자기소개를 하는 자리에서 본인의 이름을 말하지 않는다거나, 모르면 "모릅니다"하고 짧게 대답하면 되는데 모른다는 이야기를 너무 길게 말한다거나, 다른 사람이 식사를 대접했는데 고맙다는 말도 안 한다거나 등등 안타까운 경우가 많습니다.

이분들이 일부러 그러는 걸까요?

남의 잘못은 눈에 잘 띄게 마련이지만 상대방에게 일부러 무례하게 보이려는 경우는 드물 겁니다. 대개 긴장하거나 사회 경험이 부족해서 발생하는 실수입니다. 물론 저도 처음부터 비즈니스 매너에 대해 잘 알았던 것은 아닙니다. 제 자신을 돌아봐도 과거에 잘 모르고 한 실수들이 한가득입니다. 지금에 와서 떠올려 봐도 얼굴이 빨

개지는 일들이 있습니다.

한 예로, 제가 신입 사원이었을 때 저랑 상사 한 분, 변호사 두 분 이렇게 넷이서 비 오는 날 택시를 타야 하는 상황이 있었습니다. 세 분 모두 저보다 나이가 많았습니다. 저는 단순하게 택시에서는 아랫사람이 앞자리에 타는 것이 맞는 예절이라고 생각하여 재빨리 앞자리에 탔습니다. 제가 제일 아랫사람이니 당연하다고 생각했습니다.

이때 비가 오고 있다는 점과 승객이 총 네 명이라는 상황을 고려한다면, 제가 잽싸게 앉았던 앞자리가 가장 불편한 자리가 아니라 가장 편안한 자리라는 점을 독자 여러분도 충분히 아실 겁니다. 이처럼 상황에 따라 상석과 하석의 위치가 달라지기도 하는데 당시에는 제가 순간적으로 잘

못 판단한 것입니다. 아마 그 택시에 함께 탔던 분들은 그날을 전혀 기억하지 못하실 테고, 누구 하나 저를 나무라는 분은 없었습니다만 '그때 뒷자리 가운데에 탔어야 했는데…' 하는 아쉬움이 아직도 가끔 저를 부끄럽게 합니다.

한편, 신입 사원 시절에 좋은 매너로 덕을 본 경험도 있습니다.

성실이 무기였던 저는 항상 회사 임직원들 중에 가장 먼저 출근했고 복도에서 회사 사람들을 만날 때마다 항상 밝게 인사를 했습니다. 만나고 5분 후에 또 마주쳤을 때에도 웃으면서 고개 숙여 인사를 했습니다.

그 덕인지 몰라도 이직을 할 때, 저와 밥 한 번 같이 먹은 적도 없는 다른 팀 팀장님이 이직할 회사에 저에 대한 평판을 '만점'으로 주셨던 적도 있습니다.

마냥 잘해 주면 안 된다, 웃으면 만만하게 본다 같은 말들도 많지만, 살아 보니 세상은 매너가 좋은 사람이 더 잘 살게 되는 것 같습니다. 매너가 좋아서 손해 볼 일은 없습니다. 사람이 하는 일은 결국 어떤 일이든 사람끼리 돕는 것이기 때문입니다.

제 본업은 부동산 투자, 그중에서도 건물 투자입니다. 아파트와 달리 건물은 수천억 원, 수조 원짜리도 존재하기 때문에 건물 투자에 관심 있는 부자들의 관심과 사랑을 한몸에 받고 있습니다. 그런데 이분들과 어울릴수록 부자들은 굉장히 매너가 좋다는 걸 거듭 깨닫게 됩니다. '매너가 좋을수록 돈을 많이 버는 것인가?'라는 주제로 논문을 써 보고 싶을 정도였고, 제 경험상 매너와 자산은 명백히 비례합니다.

저는 성실함에 있어서는 누구에게도 지지 않으려 애써왔지만, 무엇보다 운이 좋았기 때문에 성공적인 투자가 이어졌다는 것을 잘 알고 있습니다.

운이라는 것이 여러 가지를 포함하지만 저는 인복이 굉장히 중요하다고 생각합니다. 저는 언제든 지인들에게 부탁하는 일이 어렵지 않고, 지인들도 저를 흔쾌히 도와주려고 합니다. 좋은 분들을 만난 인연에 감사한 마음이지만, 한편으로는 기브 앤 테이크를 포함한 예의범절을 갖춘 점을 지인분들이 좋게 봐 주시고 물심양면으로 도와주신 것도 자산 형성에 큰 몫을 했던 것 같습니다.

스스로도 제 자신의 매너가 나아질수록 자산이 늘어가는 걸 체감해 왔습니다. 부를 쌓아 가는 데에 매너는 분명 도움이 됩니다. '곳간에서 인심이 난다'는 말도 일리가 있습니다만 제 경우에는 매너가 곳간을 채워 주었습니다. 매너가 독자 여러분의 곳간도 풍요롭게 만들어 주기를 바랍니다.

'인생에 늦은 것은 없다'라는 말이 있습니다. 매너는 절대 타고나는 것이 아니라 노력으로 충분히 갖추고 업그레이드할 수 있는 덕목입니다. 이 책을 쓴 저조차도 주변의 좋은 사람들을 통해 매일매일 배우며 매너가 계속 발전하고 있음을 느낍니다. 예를 들면 어떤 선물을 어떤 식으로 들고 가야 하는지, 또 선물을 준비하지 못했을 때 다음 날 어떻게 해야 하는지 등에 대해서도 계속 보고 배우고 있습니다. 최근에는 휴대폰에 다른 사람의 이름을 저장할 때 그분의 자녀 이름까지 같이 저장하는 고수의 매너도 배웠습니다.

　저는 이 책에서 작지만 큰 인사의 힘과, 모두가 이미 잘 안다고 생각하는 감사 및 사과 표현이 가진 힘처럼 소소한 매너부터 카카오톡 사용이나 파일 전달 방식과 같은 디지털 매너까지 모든 경험과 팁을 하나하나 나누고자 합니다.

　각각의 주제마다 영화 같은 에피소드가 있지는 않습니다. 하지만 각각의 주제들에 나오는 매너를 익히고 행동하다 보면 영화에서 나올 법한 멋진 일들이 분명 눈앞에 펼쳐질 것입니다.

　저도 여러분도 모두 매너에 대해 깊이 생각하고 공부해서 주변 사람들에게 사랑받고, 같이 성장하면 좋겠습니다.

매너 온도
테스트

a. 입에 음식이 있는데 상사가 질문한다면 어떻게 해야 할까?

b. 원형 테이블에 앉았을 때 빵과 물은 좌와 우, 어느 쪽에 있는 게 내 것일까?

c. 장례식장에서 식사를 하는데 친구가 건배를 하려고 한다. 해야 할까?

d. 지인의 결혼식장에 와서 미리 ATM에서 뽑아온 현금을 꺼내서 사람들 앞에서 봉투에 넣었는데, 다들 쳐다본다. 왜일까?

e. 상사와의 회식 자리. 건배를 할 때 기분이 좋아서 무심코 잔을 높이 들었더니 상사가 나를 언짢은 표정으로 쳐다본다. 무슨 일이지?

f. 비즈니스 회의에서 처음 보는 상대와 명함을 교환했다. 얼른 받아 명함 케이스 안에 넣었다. 상사가 조용히 이따 끝나고 자기 좀 보자고 한다. 왜지?

g. 40대와 50대를 서로 소개해 주는 자리. 누구를 먼저 소개해야 할까?

h. 전화는 보통 몇 시에 걸어야 비매너가 아닌
   걸까?

i. 결혼식과 장례식 중 한 곳만 갈 수 있는 상황
   이다. 어디에 가야 할까?

위 질문들에 대해 바로바로 답하지 못했다면
이 책을 읽으며 매너 온도를 올려 봅시다!

진실만을

얘기하는 것이

상대에게도

나에게도

최고의 매너

①

진실과 기본

진실만을
이야기한다면

누구와 대화를 하든, 진실을 이야기하는 것이 매너이고 거짓을 말해서는 안 됩니다. 진실만을 이야기하는 것의 장점은 무궁무진합니다. 그럼에도 때로는 진실한 말이 무례로 느껴지는 경우가 있다고 말하는 분도 있겠습니다만, 여러분, 가슴에 손을 얹고 생각해 보세요. 우리 모두는 사실 종종 작은 거짓말들을 하면서 살아갑니다. 하지만 우리는 경중을 구분할 수 있습니다. 여기서 말하는 '대화 중 거짓을 말하지 말자'는 것은 중요한 정보를 조작하거나 왜곡하지 말자는 뜻입니다. 나에 대해 부풀리거나 상대방을 현혹시키기 위해 거짓을 말하는 것은 자칫하면 나쁜 습관으로 굳어지고 큰 문제로 번질 수 있습니다. 게다가 거짓말은 거짓말을 낳는다는 말이 있습니다. 일관성 있게 거짓말을 계속 이어가려면 상당히 피곤해질 것입니다.

그러므로 진실만을 얘기하는 것이 상대에게도 나에게도 최고의 매너입니다. 진실만을 이야기한다면, 내가 했던 말을 기억할 필요가 없습니다. 게다가 늘 진실만을 말하면 주변에서도 "네가 말하는 게 맞겠지"라고 인정해 줍니다. 머리가 좋을 필요도 없습니다. 쓸데없는 기억을 위해 나의 두뇌를 피곤하게 만들 필요가 없습니다. 따라서 언제나 늘, 꾸밈없이 진실된 태도를 일관하는 것이 결국 본인에게 이득입니다.

인간관계에 있어서
최고의 무기

1. 항상 밝게 인사하기

'인사는 사회생활의 기본'이라는 말은 사실입니다. 누군가에게 무언가를 요청하기 전, "안녕하세요" 한 마디만 더해 봅시다. 인사말을 건네는 동안 속으로 할 말을 정리할 시간도 생기고 상대방도 다음 이어질 말에 대비할 수 있습니다. 뿐만아니라 나의 평판도 좋아집니다. 회사에서도 마찬가지입니다. 출근 후 사무실에 들어설 때는 필수고, 복도나 엘리베이터에서 마주치는 사람들에게도 인사를 해야 합니다. 눈을 마주치고, 고개를 숙이고, 다시 고개를 들고 눈을 또 마주치세요. 만약 상대가 받아주지 않는다 해도 계속하십시오. 분명 좋은 일이 생길 겁니다. 인사합시다.

2. 잘못한 일이 있으면 사과하기

실수했을 때 사과하지 않는 분들이 있습니다. 실수는 누구나 할 수 있고, 정정하거나 다음에 만회하면 됩니다. 하지만 사과의 말 하나 없이 그냥 넘어가거나 변명을 하는 경우 이미지는 수습하기 어려울 정도로 추락합니다. 미안하다, 죄송하다는 말을 하면 자존심이 상한다고 느끼시는 분들이 많은데 제때 제대로 사과하는 것이 길게 볼때 스스로에게 훨씬 이롭습니다.

3. 감사할 일이 있으면 감사의 뜻 전하기

감사 인사도 필수입니다. 상대방의 호의를 당연하게 여기지 말고 감사하는 마음을 일일이 표현해야 합니다. 별거 아닌 것 같고 말 안 해도 다 알겠지, 라고 생각할 수도 있지만 상대방은 모릅니다. 그리고 감사할 줄 아는 태도는 상대방의 기억에 오래 남습니다.

4. 모르면 모른다고 짧게 말하기

간혹 잘 모르는 주제에 대해 누군가가 질문을 했을 때, 꼭 빙 돌려서 장황하게 설명하시는 분들이 있습니다. 기나긴 설명 끝에 나오는 결론은 결국 '모른다'입니다. 그러면 그걸 듣고 있어야 하는 상대방은 오래 기다렸는데 원하는 답을 얻지 못해 기분이 상하고, 말하는 사람도 머쓱해집니다. 모를 땐 그냥 짧게 "그 점에 대해서는 제가 아직 잘 알지 못합니다."라고 대답하면 됩니다. 면접 때도 마찬가지입니다. 괜히 어설프게 아는 척하면 들통나기 마련입니다. 죄송한데 그 분야에 대해서는 아직 잘 모르겠다고, 입사하면 추후 제대로 공부해서 꼭 답변할 수 있도록 하겠다고만 답해도 괜찮습니다.

어차피 모든 것을 알기란 불가능합니다. 초보 강사 시절에, 강단에 서는 두려움을 극복해 준 가장 강력한 무기는 "잘 모르겠습니다." 였습니다.

5. 약속 잘 지키기

저는 한번 입 밖으로 내뱉은 말은 무조건 지키려고 노력합니다. 약속을 했다는 것은 상대방과의 신뢰 관계를 구축했다는 뜻이기 때문입니다.

시간 엄수가 그 첫 번째입니다. 저는 약속 시간을 정말 잘 지킵니다. 그래서 제 별명 중에 하나는 '칸트(Immanuel Kant, 프로이센 왕국의 철학자. 시간관념이 투철하기로 유명함)'이기도 합니다.

하루는 지인과 장충동에서 만나기로 했는데, 버스를 잘못 타서 남산 1호 터널을 지나 엉뚱한 곳에 내린 적이 있습니다. 하지만 워낙 일찍 출발했기에 길을 건너 버스를 다시 타고 한남동에서 내려 또 다른 버스로 갈아타서 도착했어도 약속 시간에는 늦지 않았습니다. 어떻게 이게 가능했을까요? 처음부터 약속 시간보다 1시간은 더 먼저 도착하는 것을 목표로 출발했기 때문입니다. 물론 모두가 1시간 일찍 도착해 있어야 한다는 얘기는 아닙니다만, 어떤 변수가 생겨도 약속한 시간에는 늦지 않도록 일찍 출발하는 편이 좋습니다.

약속 상대보다 내가 연장자거나 직급이 높다면 정시에 근접하여 오는 것을 권장합니다. 높은 사람이 훨씬 일찍 와서 기다리고 있는 모습을 보면 손아랫사람들은 부담스러울 것이기 때문입니다. 물론 정시에 딱 맞게 도착하는 것이 아주 일찍 도착하는 것보다 어렵습니다.

두 번째로, 절대 공수표를 던지지 않습니다. 술자리에서 했던 말도 반드시 지키려고 노력합니다. 저는 "저 형이 100이라고 말하면 딱 100이야. 99도 101도 아니야."라는 이야기를 들은 적도 있습니다.

한 예로 아이들 친구 부모님들과 술을 마시는 자리에서 "제가 조만간 저희 아이들을 위해서 초등학생용 자본주의 특강을 해 보겠습니다."라는 말을 했습니다. 다음 날 술이 깨고 부담스러운 강의를 하겠다고 약속한 것을 후회하기는 했지만, 한번 뱉은 말은 지켜야 한다는 신조를 가지고 있기에, 강의 준비에 수 개월이 걸렸어도 끝내 실행했습니다.

또 한 번은 지인과 술을 마시다가 보육원 아이들에게 음식을 대접하자는 이야기가 나왔습니다. 술김에 제가 추진하겠다고 했습니다. 그로부터 7개월 후, 이 또한 실행했습니다.

그리고 저는 "언제 밥 한번 먹자." 라는 말을 하지 않습니다. 물론 우리나라 사람들이 으레 하는 인사말의 하나로 넘길 수도 있겠지만 말한 후 밥을 같이 안 먹으면 왠지 거짓말을 한 기분이 들기에 이 말을 하지 않습니다. 대신에 "차차주에 밥 먹자.", "7월 초에 먹자."와 같이 분명하게 일시를 이야기합니다.

이러한 원칙은 나이나 지위와 상관없습니다. 어린 자녀와의 약속도 한번 말하면 꼭 지켜야 합니다.

참 쉬운 일 같지만 어려운 일입니다.

상대방의 자랑을
들어 주는 것도 매너

　가벼운 자리임에도 불구하고 제게 본인의 순자산을 물어보기도 전에 공개하는 분들이 종종 있습니다. 부동산 자문을 받고자 하는 것도 아닌데 말입니다. 혹자는 이럴 경우 불쾌한 기분이 들 수도 있을 것입니다. 하지만 저는 정반대입니다.

　보통 본인의 자산을 공개하면 얻을 것보다 잃을 것이 훨씬 많습니다.

"그래, 너 잘났다."

"재수없네."

"술은 네가 사라!"

"나 돈 좀 빌려주라."

"너 사기꾼이지?"

"세금은 잘 내고 있니?"

등등의 반응이 좋은 예입니다.

이러한 리스크를 감안하고도 제게 자산을 공개한다는 의미는 자랑하기 위해서보다는 저와 친하게 지내고 싶어서, 그리고 저를 신뢰하기 때문이라고 생각합니다. 그렇기 때문에 저는 이런 분들에게 그저 고맙습니다.

또한 자연스럽게 자산을 모은 과정과 노하우에 대해서도 들을 수 있고, 그분들 덕분에 배우고 발전하게 될 겁니다.

반대로 본인을 너무 감추려는 분들과는 보이지 않는 장벽이 생기는 느낌입니다.

인간관계는 참으로 쉽고도 어려운 것 같습니다.

여기서 잠깐!

총자산과 순자산의 차이

   총자산: 가계나 기업이 보유하고 있는

       모든 자산의 합

   순자산: 총자산에서 부채를 뺀 자산

총자산

자기자본비율: 순자산 / 총자산

부채비율: 부채 / 순자산

대중교통
매너

밀지 않는다

출퇴근 시간의 지하철은 '지옥철'이라고도 합니다. 만원 지하철에서 문이 열리면 내리기 위해 앞사람을 손으로, 팔꿈치로, 온몸을 이용해 미는 경우가 많습니다. 밀리는 사람 입장에서는 불쾌하기 때문에 심하면 싸움이 나기도 하죠. "내리겠습니다." 이 한 마디만 하면 사람들은 보통 비켜 줍니다. 말로 하면 됩니다.

내리고 타자

열차에 탄 사람, 열차에 탈 사람 양쪽에게 해당됩니다. 문 쪽에 서 있는 사람은 본인이 내릴 역이 아니더라도 뒷사람들이 내리려고 하면 잠시 내렸다가 타야 합니다. 잠깐 내린다고 자리 안 뺏깁니다. 이제 막 타는 사람들은 칸 안의 사람들이 하차하지도 않았는데 몸부터 밀고 들어가면 안 됩니다. 엘리베이터든, 열차든, 건물이든, 먼저 안에 있던 사람이 나온 후에 바깥에서 들어가는 것이 올바른 순서입니다.

가방은 앞으로 메자

백팩 멘 분들, 특히 딱딱하고 커다란 백팩이 조심성 없이 마구마구 얼굴을 향해 다가올 때의 불쾌감을 아실지 모르겠습니다. 뒤를 지나갈 때마다 몸이나 팔에 부딪혀 아프기도 합니다. 성긴

니트 류의 옷이 다른 승객의 가방 지퍼에 걸려 곤란해하는 사람을 본 적도 있습니다. 가방은 제발 앞으로 돌려 메시길 바랍니다. 사람 많은 지하철에서는 그게 예의입니다.

퍼스널 스페이스를 지키긴 힘들어도 거치대는 좀

만원 지하철에서 자주 볼 수 있는 사례인데, 남의 어깨를 자신의 핸드폰 거치대로 사용하는 경우입니다. 거치대가 된(?) 사람이 뭐라 말은 안 하고 계속 뒤돌아보고 어깨를 털며 불편함을 표했는데도 뻔뻔하게 계속 핸드폰을 올려 두고 게임을 하는 장면도 목격했습니다. 부득이하게 몸이 붙어 갈 수는 있어도 고의로 남의 몸에 내 몸, 혹은 물건을 밀착시키는 것은 상대에게 불쾌감을 불러일으킵니다. 그리고 그 정도로 인구 밀도가 높은 지옥철이라면 핸드폰은 잠깐 주머니에 넣어 놓는 것을 권장합니다.

긴 통화는 금물

사람 많은 대중교통 안에서 장시간 통화를 하는 경우가 종종 있습니다. 저는 보통 통화가 길어질 것 같으면 "네, 제가 지금 버스(지하철) 안이라서요, ○○분 후 다시 전화드리겠습니다."라고 하고 전화를 끊습니다. 열차 안에서는 소음 때문에 통화 품질도 좋지 않으니 저에게도 손해이고, 주위에 사람들이 많을 때는 높은 톤의 밝은 목소리를 내지 못하니 통화 상대에게도 좋지 않고, 같은 칸 승객들은 저의 통화 내용을 억지로 오랫동안 듣는 고통을 겪어야 되니 불편합니다. 통화는 되도록 짧게, 혹은 나중에 하는 것이 좋습니다.

품위를 지키자

이어폰을 끼지 않고 음악을 듣거나 동영상을 보면 안 된다는 건 많이들 알고 있는 것 같습니다. 그런데 다른 사람들에게 시각적 피해를 주는 화면을 버젓이 노출시키는 비매너 케이스가 발견될 때도 있습니다. 그러시면 안 됩니다. 대중교통은 공공장소입니다. 남을 기분 나쁘게 만들고 자신의 격을 떨어뜨리는 행동은 삼가셔야 합니다.

옆 사람이 내리려고 하면 비켜 주자

눈치껏 다음 정류장에서 옆 사람, 혹은 뒷사람이 내리려고 하는 것 같으면 비켜 줍니다. 버스에서 만약 내가 바깥 자리에 앉고, 안쪽에 앉은 옆 사람이 내리려는 듯하면 바로 잠시 일어나서 편하게 나갈 수 있도록 합니다. 지하철이라면 몸을 돌리거나 뒤로 물러나 통로를 만들어 줍니다.

자동차
매너

동승자는 운전의 페이스메이커

만약 상사나 거래처 사람이 운전하는 차의 조수석에 앉아 가게 됐다면, 절대로 자면 안 됩니다. 운전이 길어지고 "정말 괜찮으니 자도 된다"는 말을 들어도 웬만하면 껌을 씹거나 손을 꼬집으며 졸음을 참는 것이 좋습니다.

자면 안 되니까 통화를 하는 건 괜찮을 것 같다고요? 큰일납니다. 통화도 무척 실례입니다. 운전자의 말동무가 되어 주거나, 대화를 별로 원하

지 않는 것처럼 보이면 음악을 틀어서 DJ 역할을
합시다. 혹여나 길을 잘못 들지는 않는지도 신경
씁니다.

상석과 하석 구분

서문에서 말씀 드린 것과 같이 상석과 하석을
잘 구분하지 못하여 웃지 못할 해프닝이 종종 일
어납니다. 상석과 하석을 구분하여 저처럼 부끄
러운 일을 만들지 않길 바랍니다.

택시를 포함하여 운전기사가 있는 경우 상석
순서: 뒷좌석의 오른쪽 > 뒷좌석의 왼쪽 > 조수
석 > 뒷좌석 중앙
뒷좌석 중앙은 양옆에 사람이 있기 때문에 무
조건 제일 불편하다고 외우시면 편합니다.

자가 운전의 경우 상석 순서: 조수석 > 뒷좌석의 오른쪽 > 뒷좌석의 왼쪽 > 뒷좌석의 중앙

상사나 손님이 운전하는 차에 혼자 탈 때는 꼭 조수석에 앉습니다. 뒤에 앉으면 마치 운전하시는 분이 운전기사가 된 것처럼 느끼실 수도 있습니다.

택시 등을 탔을 때

자가 운전일 경우

얻어 탔다면 꼭 보답하자

카풀을 받거나 몇 번 얻어 타는 입장이라면, 이
에 대한 답례를 꼭 해야 합니다. 위에서도 말했지
만, 운전자는 당신의 전용 기사가 아닙니다. 추후
커피 기프티콘 등이라도 보내셔야 합니다. 주유
권이나 방향제 등 차와 관련된 선물을 하면 한층
더 센스 있다는 소리를 들을 수 있습니다.

운전면허 시험에는
안 나오는 매너

좌측으로 차선 바꿀 때

1. 깜빡이를 켭니다.

2. 창문을 내립니다.

3. 손을 들어 미안하다는 제스처를 합니다.

   (성공률 70% 이상)

4. 동시에 상대방의 눈을 쳐다보며 미안하다는

   제스처를 한 번 더 합니다.

   (성공률 95% 이상)

우측으로 차선 바꿀 때

1. 깜빡이를 켭니다.
2. 위 행동을 보조석에 탄 사람에게 시킵니다.

깜빡이를 켜고 차선을 변경하는 건 기본이지만, 거기에 더해서 다른 운전자에게 양해를 구하는 게 매너입니다. 작은 손인사, 눈인사 정도지만 이처럼 운전 중에도 미안함과 고마움을 전달하고 소통할 줄 알면, 자연스럽게 안전 운전을 하게 되고 운전 매너가 좋은 사람이 됩니다.

뿐만 아니라 동승자에게 멋진 운전 매너를 보여 줘서 이미지를 업그레이드시킬 수도 있습니다.

식당에서의
예절

　- 식당에 도착하면 제일 먼저 메뉴부터 선택해야 합니다. 컵에 물을 따르는 것도 좋고, 수저를 놓는 것도 좋지만 일단은 메뉴 선택이 급선무입니다. 왜냐하면 메뉴를 선택한 후 주방에서 조리할 시간에 다른 것들을 할 수 있기 때문입니다. 화장실도 아주 급하지 않는 한 메뉴 선택 후에 다녀오는 것이 좋습니다.

　- 고기를 구워 주는 고깃집이나 일식집 등에

가면 저는 첫 서빙을 시작할 때 직원분에게 미리 조용히 팁을 드립니다. 제 경험상 팁을 드리면 확실히 서비스의 질이 올라가기 때문입니다. 팁 덕분에 일행 또한 음식점 서비스에 만족할 수 있게 됩니다.

– 만약 대화에 집중해야 할 자리일 경우, 고깃집에 간다면 웬만하면 구워 주는 곳으로 가야 합니다. 직접 굽는 곳에 가면 누군가는 불판 위에서 집게를 움직이느라 대화에 집중하기 어렵고 힘들기 때문입니다.

– 식당의 직원 등을 부를 때는 가급적이면 그냥 사장님이라고 부르는 것이 좋습니다. 뻔히 아르바이트생으로 보여도 그냥 사장님으로 부르세요. 높여 불러서 손해 볼 일은 거의 없습니다. 언

니, 이모, 오빠, 아저씨, 삼촌 등등으로 부르시면
안 됩니다.

- 손짓 또한 조심해야 합니다. 자칫 손짓을 잘
못하면 마치 동물을 부르는 듯한 제스처가 될 수
있기에 손을 위로만 들어 직원이 볼 수 있게 하
는 것이 가장 무난하지 않을까 싶습니다. 그리고
직원을 부른 후, 직원이 가까이 오면 이야기를
해야 합니다. 절대로 먼 거리에서 큰 소리로 말
해서는 안 됩니다. 혹 술집에서 술을 계속 시켜
야 해서 직원에게 미안한 마음이 들 때는 직원을
부른 후 직원이 볼 수 있게 손가락으로 술병을
가리킵니다. 그러면 직원의 발걸음을 줄여 드릴
수 있습니다.

- 식당에서 컴플레인을 할 경우에도 주의할

점이 있습니다. 음식에 문제가 있는 경우 컴플레인을 하는 일 자체에는 잘못이 없습니다. 다만 고래고래 소리를 지르거나 인격을 모독하는 등 심하게 얘기하는 분들이 있습니다. 일단 서빙하는 분들은 대부분 조리를 직접 하지 않았고, 누구나 일하다 실수할 수는 있다고 생각합니다. 정중하게 이 음식이 너무 짜다, 혹은 머리카락이 나왔으니 혹시 다시 만들어 주실 수 있느냐 등으로 전하면 상대방은 충분히 알아듣고 그에 걸맞는 사과나 보상을 할 겁니다. 소리를 지르면 종업원, 일행, 다른 테이블의 손님들의 기분까지 안 좋아집니다.

– 음식을 먹을 때는 가급적 가볍고 밝은 이야기가 좋습니다. 심도 있는 이야기, 특히 메모가 필요할 정도의 중요한 이야기는 피하시는 게 좋

습니다. 상대방을 체하게 만들 수 있기 때문입니다. 밥 먹고 난 후 자리를 옮겨 차를 마실 때 얘기하는 편이 말하는 쪽과 듣는 쪽 모두에게 편합니다. '밥 먹을 때는 개도 안 건드린다.'는 속담을 잊으시면 안 됩니다.

여기서 잠깐!

밥 먹을 때뿐만 아니라 평소에도 직장 동료나 비즈니스 파트너 등 친밀하지 않은 사이의 사람들과 말하기 어려운 이야기 주제가 있습니다. 바로 정치와 종교 이야기입니다. 이 주제는 너무나 개인적이고 논쟁을 불러일으키는 주제이기 때문에 관련한 이야기는 하지 않는 게 좋습니다. 특히 어떤 정치나 종교 성향이 옳다 그르다를 논하는 일은 삼가야 합니다.

– "잘 먹겠습니다!"라는 멘트와 함께 첫 술을 뜨는 분들이 있습니다. 이는 "내가 너에게 얻어먹을 것이다"의 완곡한 표현입니다. 상대가 사주기로 예정되어 있는 자리면 모르겠지만 그게 아니라면 "맛있게 드세요"로 바꿔 말하는 게 좋습니다.

– 좌빵우물: 왼쪽의 빵, 오른쪽의 물이 본인 것입니다. 예식장 같은 곳의 둥근 테이블에서 특히 주의하셔야 합니다.

– 고급 레스토랑에서 포크와 나이프가 여러 개 놓여 있을 때는 중앙에서 가장 멀리 있는 것부터 순서대로 사용하면 됩니다.

사용 순서

- 만약 식당에서 본인이 가장 연장자일 경우, 음식이 나오면 하던 말을 멈추고 한 숟가락이라도 음식을 떠야 합니다. 그래야 후배들이 음식이 따뜻할 때 바로 먹을 수 있기 때문입니다.

- 음식을 씹을 때는 소리를 내면 안 됩니다. 입을 다물고 씹으면 소리가 나지 않습니다. 간혹 "이래야 더 맛있다"라며 일부러 쩝쩝거리는 소리를 내며 식사하시는 분들이 있는데, 예의에 어긋

나는 행동이며 같이 먹는 상대의 입맛까지 떨어
뜨릴 수 있으니 생각을 바꾸셔야 합니다. 면을 후
루룩 소리를 내며 빨아들이는, 이른바 '면치기'라
는 행위가 유행인데 이것도 매우 비매너입니다.
그리고 만약 음식이 입 안에 있는 상태에서 말을
해야 될 경우에는 반드시 입을 가리고 말해야 합
니다.

　- 고기를 구울 때 자기가 쓰던 젓가락으로 고
기를 뒤집으면 절대 안 됩니다. 반드시 새 젓가락
이나 집게를 이용해야 합니다. 반찬도 깍두기 정
도를 제외하고는 가급적이면 공용 젓가락을 이
용하시는 것이 좋습니다.

　- 대화를 할 때는 본인이 마이크를 차지하는
비중이 얼마나 되는지 항상 염두에 두셔야 합니

다. 2명이면 50%, 3명이면 33.3%, 4명이면 25% 입니다. 5~10% 정도 초과하는 것은 상관없지만 그 이상 초과될 경우, 그날 밥값은 본인이 내야 합니다.

저의 경우 지인들과 대화하다가 제 이야기가 길어질 것 같으면 사전에 이렇게 묻습니다.

"지금부터 말씀드릴 이야기는 5분짜리인데 계속해도 될까요? 아니면, 1분짜리 버전 초고속으로 얘기해 볼까요?"

대부분 괜찮다고 하겠지만, 그럼에도 먼저 물어보는 것이 예의를 지키는 일입니다.

밥 먹으러 가서도 생각해야 할 게 참 많죠? 하지만 꾸준히 반복하면 몸에 익어 자연스러워집니다.

술자리
예절

– 건배를 할 때는 손아랫사람은 잔을 최대한 낮게 들고 술잔을 부딪쳐야 합니다.

– 연장자 맞은편에서 술을 마실 때는 얼굴을 돌리고 마셔야 합니다. 하지만 술잔을 돌려 마시면 자기를 너무 나이 많은 취급을 한다고 싫어하는 사람도 있습니다. 이 경우 얼굴 돌리지 말라고 한두 번 정도 이야기하면 "네, 알겠습니다."라고 말하고 이후로는 앞을 보고 마시면 됩니다.

- 술을 따를 때는 병의 라벨을 손으로 가리듯이 잡는 게 매너입니다. 윗사람과 마실 때는 한 손으로는 병을 잡고, 다른 손으로는 병을 잡은 팔목이나 술병 밑을 받치며 술을 따르면 됩니다.

- 첫 잔은 보통 그 자리를 주최한 호스트가 따릅니다. 뚜껑을 따서 병을 호스트 앞에 놓으면 센스 있어 보일 겁니다. 물론 사내에서 자주 하는 회식 같은 경우에서는 사원이나 나이상 막내가 "제가 따라서 전달하겠습니다."라고 말하며 따를 수도 있습니다.

- 술자리에도 당연하게 상석과 하석이 구분됩니다. 출입문과 가장 멀고 안쪽에 벽을 등지며 문을 바라볼 수 있는 좌석이 상석이고, 문과 가까운 바깥쪽이 하석입니다. 연장자나 상사, 혹은 불편

한 옷을 입은 여성분을 상석으로 안내하면 좋습
니다.

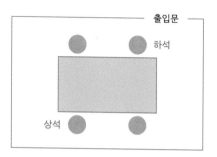

밥을 먹고 난
후

- 상대방이 밥값을 계산했다면 반드시 "잘 먹었습니다."라고 감사 인사를 해야 합니다. 그리고 이 인사는 계산 후 카운터와 멀어진 후 하는 게 좋습니다. 왜냐하면 음식점 사장이나 직원이 대신 인사를 받는 머쓱한 상황이 생길 수도 있기 때문입니다.

- 나이, 자산, 지위를 막론하고 상대방이 음식을 사 주면 작게나마 보답을 해야 합니다. 보통

저 같은 경우, 상대방이 음식을 사는 자리라면 와인을 들고 갑니다. 단, 콜키지 비용이 병당 3만 원 이하인 것을 확인한 후에만 들고 갑니다. 왜냐하면 콜키지 비용도 음식을 사는 사람이 함께 부담하기 때문입니다. 만약 제가 빈손으로 가게 될 경우, 2차는 무조건 삽니다. 2차를 갈 시간이 안 된다면 인근 카페에서 커피라도 테이크아웃해서 손에 쥐어 보냅니다.

이 또한 여의치 않을 경우, 다음 날 카카오톡으로 선물을 보냅니다.

– 밥을 사는 것은 크지 않은 비용 대비 상대방의 마음을 얻기 쉬운 행동입니다. 그래서 저는 웬만하면 밥값은 모두 제가 내려고 합니다.

만약 상대방이 기필코 자기가 결제하겠다고 한다면 충분히 감사의 마음을 전하고 물러나는 것이 좋습니다. 본인이 반드시 밥을 사야 한다고 생각하는(고마운) 분들도 종종 있기 때문입니다. 또한 카운터 앞에서 옥신각신하며 종업원에게 카드를 동시에 내미는 등의 행위는 보기 좋지 않습니다.

여기서 잠깐!

모든 것의 기본, '기브 앤 테이크'를 절대로 잊으면 안 됩니다.

매 순간 긴장의 끈을 놓지 않고 항상 기브 앤 테이크를 염두에 두고 있으셔야 합니다.

주변 사람
챙기기

1. 기념일 챙기기

아무리 바쁘더라도 가까운 이들의 축하할 일은 챙기는 편이 좋습니다. 생일, 결혼, 출산, 취업, 승진 등 기쁜 일은 참 많습니다. 이러한 날에 문자나 전화로 축하의 인사를 전하면 좋습니다. 축하의 인사와 함께 작은 선물을 보내면 최고입니다.

선물은 주고 싶은데 만날 시간이 없다고요? 요즘 같은 세상에 이건 핑계입니다. 기프티콘, 혹은 카카오톡 선물하기 등으로도 충분히 마음을 전달할 수 있습니다.

참고로 저는 카카오톡에서 다른 사람들에게 제 생일은 보이지 않게 설정을 해 놓습니다. 제가 생일을 챙겼던 지인들에게 부담감을 안기는 일을 피하기 위해서입니다. 주는 기쁨에만 집중하면 마음이 편해집니다.

본업, 학업 등에 열중하는 것도 좋지만 주위 사람들에게 관심을 가지고 따뜻한 마음으로 챙겨 주는 사람이 좋은 평가를 받을 것입니다.

여기서 잠깐!

추석이나 설 같은 때 메신저로 명절 인사를 어떻게 보내시나요?

저는 따로 명절 인사를 보내지는 않지만, 만약 명절 인사를 꼭 보내고 싶으시다면 수신인 모두에게 똑같은 메시지를 보내는 것은 지양하는 게 좋습니다. 밑도 끝도 없이 달랑 보내는 이미지 한 장이나 복사-붙여넣기한 성의 없는 메시지는 안 보내느니만 못하다고 생각합니다. 수신인 하나하나의 이름을 메시지 앞에 쓰고, 안부를 전하고, 둘만의 고유한 이야기를 언급하는 등의 성의를 보이는 것이 좋습니다. 그러면 잊지 못할 특별한 명절 인사가 될 것입니다.

2. 경조사 챙기기

인생에는 기쁜 일도 많지만 마음 아픈 일들도 종종 일어납니다. 우리는 행복한 때 옆에 있던 사람들보다 힘든 일을 겪는 시기에 시간을 들여 위로해 주는 사람들에게 더 큰 고마움을 느낍니다.

더군다나 결혼식, 돌잔치 등의 경사는 경험해 보신 분들은 알겠지만 손님들에게도 당사자들에게도 번갯불에 콩 구워 먹듯 지나갑니다. 결혼식을 예로 들어보면, 신랑이나 신부는 결혼 몇 달 전, 혹은 몇 년 전부터 식장 예약부터 꽃 종류까지 수없이 많은 선택의 기로에 놓이며 당일에는 새벽부터 일어나서 화장이며 드레스며 난리법석을 피우느라 정신이 쏙 빠집니다. 마침내 본식 직전, 하객들과 인사를 나누고 사진을 찍는 시간은 또 얼마나 짧습니까. 식사 중에 돌아다니며 한 번 더 인사를 올리지만 한 일행에 할애하는 시간은 5분도 채 안 될 것입니다(결혼식 시작 시간보다 일찍 가면 주인공과 미리 인사를 나눌 수 있습니다).

반면 장례식 같은 조사는 다릅니다. 이 의식은 대부분의 경우 준비할 시간도 없이 갑작스럽게 치르게 됩니다. 결혼식에 비해 심적으로 더 힘들고, 시행 시간도 약 2박 3일로 훨씬 더 깁니다. 이 상황에서 결혼식의 하객과 비슷한 수의 조문객이 온다면 식의 당사자와 조문객들이 함께 있는 시간도 길고 그에 따라 유족도 더 큰 마음을 받을 수 있습니다. 그렇기 때문에 결혼식 같은 경사에는 못 가고 축의금만 보내더라도, 장례식에는 가능한 한 직접 참석하여 인사를 하고 애도의 마음을 전하는 것이 기억에도 남고 좋습니다.

결혼식 매너

TPO(Time, Place, Occasion. 때와 장소, 경우에 따른 방식과 태도, 복장 등의 구분)에 맞는 옷을 입습니다. 요즘은 캐주얼한 복장의 하객들도 종종 보입니다. 단정하고 깔끔하게 입으면 됩니다. 단, 흰색은 피하셔야 합니다. 흰색 블라우스 정도는 괜찮겠지만 올 화이트로 빼 입거나 하얀 원피스 복장으로 등장한다면 결혼식의 주인공들과 싸우자는 뜻입니다.

축의금 봉투

봉투 뒷면 왼쪽 하단에 이름을 적어서 결혼식장 앞에 신랑과 신부의 가족들에게 내면 됩니다. 간혹 현금을 지갑에서 빼 내어 현장에 비치된 봉투 안에 바로 넣는 분들이 있는데 그러면 그 자리에 있는 모두가 축의금의 액수를 알게 됩니다. 미리 봉투 안에 넣어 오거나, 사람들이 없는 구석

자리에서 등을 돌리고 넣는 것이 예의입니다.

장례식 매너

가능하면 검정색 옷을 입습니다. 밝은색 옷을 입고 외출했다가 갑작스럽게 부고를 전달받아 참석할 경우에는 어쩔 수 없지만 되도록이면 검정색이나 어두운 계열의 옷을 입는 것이 예의입니다. 식장에서는 보통 신발을 벗어야 하니 맨발로 왔을 경우 근처에서 양말을 사서 신고 가면 좋습니다.

조문 순서를 익힙니다.
 - 부의록 작성, 부의금 전달, 분향 혹은 헌화, 재배(再拜), 조문, 식사

 - 부의록 작성

소속 회사, 혹은 소속 학교를 적습니다. 개인적으로 왔다면 본인의 이름만 적습니다.

– 부의금 봉투

결혼식장과 마찬가지로 장례식장 입구에 봉투가 준비되어 있습니다. 뒷면 왼쪽 하단부에 자신의 이름을 적습니다. 소속이 있다면 뒷면 우측에 소속을 적고 좌측에 이름을 적으면 됩니다. 봉투는 부의함에 넣습니다.

– 분향하는 방법

불교식, 유교식 장례라면 분향을 합니다. 상주와 가벼운 목례를 한 후, 영정 앞에 무릎을 꿇고 앉아 하나 혹은 세 개의 향을 집어 불을 붙인 다음 좌우로 흔들어 바람으로 끕니다(입으로 불어서 끄면 안 됩니다). 그리고 향로에 향을 하나씩 정중히 꽂고 일어나 두 번 절합니다.

– 헌화하는 방법

기독교나 천주교식 장례면 헌화를 합니다. 상주와 가벼운 목례를 한 후, 준비된 국화꽃을 들어 영정 앞에 올려 두고 한 걸음 물러나서 잠시 묵념을 합니다.

– 조문하는 방법

상주와 유가족에게 애도를 전하는 단계입니다. 상주와 맞절하거나 정중히 고개를 숙여 예를 표합니다. 저는 보통 상주에게는 목례만 재빨리 해 버립니다. 상주는 많은 조문객들에게 절을 하기 때문에 저라도 그 힘듦을 덜어주고 싶기 때문입니다. 목례나 절을 한 후에는 두세 걸음 뒤로 물러난 후, 몸을 돌려 나옵니다. 고

인의 사망 원인이나 경위를 상세히 묻는 것은
실례이며, 상주에게 악수를 청하는 등의 행동
도 삼가는 것이 좋습니다.

– 식사

간혹 건배를 하는 사람들이 있는데 건배는 기
쁜 일, 즐거운 일을 기념하는 행위입니다. 장례
식장에서는 절대로 하면 안 됩니다.
과음도 삼가야 합니다. 이유는 굳이 설명하지
않아도 알 것입니다. 같은 맥락으로 아무리 반
가운 친구나 지인을 발견하더라도 큰 소리로
이름을 부르는 행동은 자제하는 게 좋습니다.

여기서 잠깐!

SNS에 고인에 대한 자신의 슬픔을 글로 게시하는 일까지는 괜찮으나 장례식 당일에는 업로드하지 않는 것이 좋습니다. 사진과 동영상을 찍어 SNS에 올리는 일도 삼갑시다. 내 감정보다 고인의 사망과 유족들의 감정을 존중해야 합니다.

간혹가다 장례식장에서 본인의 명함을 뿌리는 등의 영업 행위를 하는 분들도 있습니다. 같은 업계 사람의 장례식일 경우 영업 대상의 사람들이 한 번에 모이는 자리이니 좋은 기회라고 생각하실 수도 있겠습니다만, 이것 또한 예의없는 행동입니다.

그리고 결혼식, 장례식 같은 관혼상제에 애매한 사이의 지인에게 부담을 줄까 봐 우려되어 청첩장이나 부고 문자를 돌려도 되는지 고민하는 경우가 종종 생깁니다. 이럴 때는 일단 초대하고, 선택의 기회를 상대방에게 주는 것이 맞습니다. 연락을 못 받은 상대방은 굉장히 서운하게 느낄 수도 있기 때문입니다.

태도를 정비하고
성의를 갖추면
사람의 마음은
움직이게 되어 있다

②

대화와 지혜

후배가 진로를
물어본다면

만약 후배가 제게 진로를 물어보면 저는,

1. 먼저 제 코가 석 자임을 알리고 대답 회피를
   시도합니다.
2. 1번이 실패하면 후배의 10년 후 모습을 상
   상하여 그려 달라고 합니다.
3. 즉, 선 listen, 후 speak입니다.
4. 이를 통해 후배가 원하고 추구하는 바와 목
   표를 찾아냅니다.

5. 이후 매우 조심스럽게 제 생각을 이야기해
   봅니다.
6. 그리고 어디까지나 저의 개인적인 생각이라
   는 것을 수차례 강조하고 참고만 하라고 합
   니다.

사람 만나는
즐거움

늘 분 단위로 쪼개서 일정을 관리하며 살고 있
지만 제가 언제나 기쁜 마음으로 시간을 할애하
는 한 가지가 있습니다. 바로 사람들과의 만남입
니다.

좋은 대화를 하고 집에 돌아오는 길에는 항상
웃음이 절로 납니다. 어떤 만남에서는 지식과 교
양을 얻고, 어떤 만남에서는 앞으로의 인생에서
갖춰야 할 마음가짐을, 또 다른 만남에서는 익숙
함이 주는 편안함과 즐거움을 받아 옵니다. 읽고,

생각하고, 글을 쓰면서도 발전하지만 타인을 직접 체험하고 그들이 주는 긍정적인 에너지와 정보를 내 안에서 좋은 방향으로 재생산하는 일은 또 다른 자기 계발 방법이라고 생각합니다. 아무리 책을 보고 공부해도 답이 안 나오는 문제가 있다면 밖을 나가 지인들을 만나 이야기를 나눠 보세요. 구하던 답을 금방 찾을 수도 있습니다.

뿐만 아니라 인맥을 쌓을 수도 있습니다. 나이가 들수록 자기가 몸담은 사회, 혹은 업종 밖 사람들과의 만남 기회가 줄어들 것입니다. 그러나 발이 넓으면 여러 분야에서 도움받기가 가능해질뿐더러 당면한 문제에 대한 거시적인 안목을 얻게 되고, 다른 사람들 사이에서의 입지가 강화됩니다. 물론 인맥은 내 실력을 쌓으면 저절로 만들어진다는 의견도 있습니다.

하지만 집에서 가만히 앉아 있는다고 인맥이

넓어질 수는 없습니다. SNS나 인터넷에서 지인을 만들게 되더라도 직접 얼굴 보고 얘기하는 시간이 필요합니다.

묻지 않으면
이야기하지 말기

술자리나 사람들이 많이 모이는 자리에 가면 이런저런 이야기를 하기 마련입니다.

그런데 저의 머릿속은 부동산, 투자, 사업, 근로소득, 미래, 경제적 자유, 엑셀, 숫자, IRR 등으로 가득 채워져 있다 보니, 저도 모르게 머릿속의 이야기를 그대로 하게 됩니다. 그러면 무주택자들이나 현재 근로 소득 외에 아무런 준비를 못하고 계신 분들은 할 말이 없거나 의기소침해지기도 합니다.

이 경우 본의 아니게 제가 분위기를 깨는 셈이 되는 것입니다. 준비를 못 하신 분들에게는 우울한 이야기일 텐데 굳이 이런 대화 주제를 먼저 꺼내는 것은 매너에 어긋나는 일입니다.

묻지 않으면 이야기하지 않는 게 좋은 주제는 자산 이야기에 국한되는 게 아닙니다. 자식 이야기(밖에서 얘기하는 일의 대부분은 자랑이겠죠?), 인맥 이야기 등등. 남들이 들었을 때 자랑이라고 느껴지는 것, 혹은 관심사가 전혀 겹쳐지지 않는 분야는 먼저 얘기할 필요가 없습니다. 부득이하게 이야기하게 되더라도 짧게 끝내는 편이 좋습니다.

상대방의 이야기를
기록해야 할 때

상대방의 말을 기록할 때는 펜과 종이가 최고의 도구입니다. 하지만 항상 펜과 종이가 준비돼 있지는 않습니다. 그래서 저는 보통 핸드폰을 켜고 액정이 상대에게도 보이게 내려두고서 태블릿용 펜으로 핸드폰에 적습니다. 절대로 핸드폰을 든 채로 손가락으로 토독토독 타이핑을 하지 않습니다.

왜냐하면 핸드폰으로 타이핑을 하면 상대방 입장에서는 화면이 보이지 않기에 본인의 말을 기록하는 것이 아니라 딴짓을 하는 것으로 오해할 수 있기 때문입니다.

그리고 상대방의 말을 적는 행동은 상당한 플러스 요인이라고 생각합니다. 왜냐하면 자기 말을 중요하게 생각하고 있다고 느끼게 해주기 때문입니다. 만약 당시 중요한 이야기를 하고 있었고 나중에 상대방이 그날의 이야기를 복기하려 할 때, 메모해 둔 것을 주는 도움을 제공할 수도 있습니다.

또한, 기억력에는 한계가 있기 때문에 반드시 적어야 합니다. 대화 상대가 중요한 얘기를 해 줬는데 잊어 버리고 나중에 다시 물어본다면 신뢰가 깎이고 '나에게 관심이 없구나', 혹은 '내 이야기를 귀담아 듣지 않는구나'라는 인상을 주게 됩니다. 모두 자신에게 관심을 표하고 신경쓰는 사람에게 호감을 갖기 마련입니다.

꼰대가
되지 말기

꼰대의 사전적 정의는 아래와 같습니다.

꼰대
꼰대는 기성세대나 선생을 뜻하는 은어이다. 명사인 꼰대에 접사인 질을 붙여서 꼰대질이라고 한다.

후배들이 싫어하는 꼰대가 되지 않기 위해서는 아래 내용을 숙지할 필요가 있습니다.

- 긴 내용을 짧게 말하는 것은 능력이고, 짧은 내용을 길게 말하는 것은 폭력이다.
- 상대방이 처한 상황을 잘 알기 전에는 함부로 이야기하지 말자.
- 치사하게 다른 사람의 수년 전의 이야기는 꺼내지 말자. 수년 전의 A와 지금의 A는 완전히 다른 사람일 수 있다.
- 아무리 어린 사람의 말이라도 경청하고 말을 끊지 말자.
- 입은 닫고 귀는 열자. 말하는 동안에는 배울 수 없다. 들어야 배울 수 있다.
- 내 신념이나 방식을 남에게 강요하지 말자.
- 정 말이 하고 싶으면 강연장에서나 하자.
- 스스로에게 엄격하고 다른 사람에게 관대하자.

저 스스로도 이를 기억하고 조심하려고 노력
하고 있습니다.

메라비언의
법칙

미국의 심리학 교수 앨버트 메라비언(Albert Mehrabian)에 따르면, 상대방의 이미지를 결정하는 데 영향을 끼치는 요소의 비율은 아래와 같다고 합니다.

목소리 38%

표정 35%

태도 20%

내용 7%

일단 목소리부터 말씀드리겠습니다. 지나치게 작아서 안 들리거나 시끄러울 정도로 큰 목소리. 오래 듣고 싶은 마음이 들까요? 아닙니다. 너무 높은 톤의 목소리도 청자를 힘들게 만듭니다. 그리고 너무 빠른 속도로 말하면 안 됩니다. 유식해 보이는 대신 오히려 자신이 없어 두려운 마음에 빨리 말하는 것이라는 오해를 살 수도 있고, 배려심이 없어 보일 수도 있습니다. 또한 서둘러서 말을 하다 보면 아무래도 말실수를 할 가능성이 높아집니다. 말끝을 흐리는 버릇도 좋지 않습니다. 자신감이 없어 보이고, 심지어 무슨 말을 하는지 상대방이 못 알아듣는 상황까지 발생합니다.

말끝의 성량을 높이는 좋은 방법 중 하나는 '하십시오체'를 쓰는 것입니다. 흔히 다나까로 끝나는 군대 말투로 아는 사람이 많은데, 제가 추천드리는 어투는 정확히 말하면 '하십시오체'입니다.

딱딱하게 끝내는 것이 아닌, 상대를 존중하면서 말끝을 분명하게 마무리하는 높임법입니다.

하십시오체(하십시오體) : 상대 높임법의 하나. 상대편을 아주 높이는 종결형으로, '안녕히 계십시오.', '정말 오래간만입니다.', '반갑습니다, 식사 하셨습니까.' 하는 등이다.

하십시오체를 쓰면 어미는 대개 '-습니다', '-습니까'로 딱 부러지게 끝나기 때문에 해요체보다 공적인 느낌을 주며 문장에 깔끔한 끝맺음을 만들 수 있습니다.

예:
팀장님, 어제 완성하라고 하신 보고서 여기에…
팀장님, 어제 완성하라고 하신 보고서 여기 있

어요.

팀장님, 어제 완성하라고 하신 보고서 여기 있
습니다.

한번 따라 읽어 보세요.

그리고 표정도 중요합니다. 딱딱하게 굳은 얼
굴은 긴장하거나 화난 것으로 보입니다. 어느 쪽
이든 긍정적인 인상을 주진 않습니다. 환히 웃는
얼굴은 어려울지라도 최소한 입꼬리라도 올리
며 밝은 인상을 주려고 노력하는 편이 좋습니다.
'웃는 얼굴에 침 못 뱉는다'는 속담이 괜히 나온
게 아닙니다. 게다가 자주 웃으면 얼굴 근육이 웃
는 모양으로 굳어져 '웃상(웃는 인상)'이 되는 효
과도 따라옵니다. 40세가 넘으면 자기 얼굴에 책
임져야 한다는 말도 있습니다. 미소에 인색해지

면 안 됩니다. 다른 사람의 기분을 좋게 만들고 내 인상까지 좋아지는데 무려 공짜입니다. 저는 왜 항상 미소 띤 얼굴로 인사를 하냐는 질문을 가끔 받곤 합니다. 그러면 곧장 대답합니다. "기분이 좋으니까요. 서로 좋은 기운을 주고받으면 좋잖아요?" 사실 미소는 어마어마한 값어치를 가졌을 수도 있습니다. 고급 호텔이나 레스토랑에서 씩 웃으며 손님을 응대하시는 분들의 미소는 분명 무료가 아닙니다. 하지만 그분들의 미소에 미소로 화답하고 좋은 기운을 받고 감사한 마음을 갖는 데에는 돈이 들지 않습니다. 웃으며 인사하는 일은 누구에게도 결코 손해가 아니며, 심지어 나의 가치와 내 주변의 가치에 실질적인 보탬이 될 때도 있습니다. 엘리베이터에서 이웃 주민끼리 서로 인사하는 아파트는 집값이 높다는 말도 있다고 합니다.

마지막으로 태도입니다. 대화하는 내내 다리를 떨거나, 눈을 전혀 마주치지 않거나 상대방의 말에 관심 없는 티를 내면 같이 대화하는 입장에서 어떨까요? 역지사지의 자세로 태도도 주의해야 합니다.

여기서 잠깐!

물론 메라비언의 법칙은 제한된 상황에서 시행된 실험의 결과일 뿐, 모든 커뮤니케이션 상황에 적용할 수는 없습니다. 하지만 비언어적 요소가 대화에서 중요하다는 사실은 확실합니다.

모든 것은
서면으로!

저는 지인들과 이야기할 때, 엑셀(Excel) 프로그램을 활용하여 숫자와 표를 많이 씁니다. 숫자는 신뢰의 상징이고, 숫자는 거짓말을 하지 않기 때문에 남을 납득시키는 데 유용한 도구입니다.

아내를 설득할 때도 구체적인 숫자가 빛을 발했던 적이 있습니다.

2018년 설 연휴 전날, 제가 다니던 회사에서

전 직원의 성과급을 지급하였습니다. 당시 저는 큰 프로젝트를 성사시켰기에 내심 다른 팀원들보다 많은 성과급을 기대했었습니다. 하지만 회사에서는 차장으로 특진만 시켜줄 뿐 아무런 금전적인 보상이 없었고 이에 대해 제게 어떠한 설명도 하지 않았습니다. 이에 성과급을 받은 날, 저는 바로 아내에게 보여 줄 1장짜리 보고서를 엑셀로 만든 후 출력해서 보여 주었습니다. 보고서의 제목은 '퇴사를 해야 하는 이유'였습니다. 지난 성과와 현재 순자산, 소득, 앞으로의 현금 흐름 등 정량적인 내용은 표를 곁들여 기재했고, 정성적인 내용은 보고서 하단에 기재하였습니다.

아내는 제 보고서를 보고 그 자리에서 퇴사를 허락해 주었습니다. 그리고 저는 설 연휴가 끝나자마자 사표를 냈습니다.

〈퇴사를 해야 하는 이유〉

I. 지난 성과

연도	순자산
2012년	OOOO
2018년	OOOO
증가율	NN%

II. 현재 순자산

①아파트	부채
②아파트	
③상가	순자산
기타	

III. 목표

자산 연 증가율

연도	나이	30%	25%	15%	10%
2018	38				
2028	48				
2038	58				
2048	68				

IV. 소득 목표

달성 가능성 90% 이상

연도	강의 소득	투자 소득	임대 소득	증가율	비고
2016				NA	돈 버는 부동산에는 공식이 있다
2017				%	'돈 버는 부동산에는 공식이 있다' 개정판
2018					지금부터 부동산 투자해도 부자가 될 수 있다

V. 퇴사를 해야 하는 이유

- **장 이상 승진할 가능성 적음
- 직장 생활이 더 위험하다
- 시간 확보 가능
- 근로 소득의 천장 명확
- 나는 부지런함
- 회사 내에서 배우는 속도가 떨어진다
- 한국 나이 40세 전(1년 10개월 남음) 자리를 못 잡을 경우 다시 취업할 예정

제가 아내에게 보여 주기 위해 작성한 보고서를 재현해 보았습니다.

부드럽게 말하는
방법

　제가 무척 따르는 형님이 한 분 계십니다. 여러 면에서 배울 점이 정말 많은 분입니다.

　나이는 저보다 10살 정도 많으시고, 자산도 저보다 10배 이상 많으시고, 골프도 상당히 잘 치십니다.

　작년에 이 형님과 골프 라운딩을 간 적이 있습니다. 그분은 제 티샷을 조용히 지켜보시다가 아주 조심스럽게 입을 떼셨습니다.

"민 대표, 제가 딱 한 가지만 가르쳐 줘도 될까요?"

보통 나이가 위거나 자신의 실력이 위일 경우, 아랫사람에게 함부로 조언하는 경우가 많습니다.

"그거 그렇게 하는 거 아닌데?"
"야야, 내가 한번 보여 줄게. 잘 봐."

그러나 그분은 아주 조심스럽고 공손하게, 일단 저의 의사를 먼저 물어보셨습니다. 자신의 실력이 월등하기 때문에 자칫하면 상대를 무시하는 의도로 읽힐 수 있다는 사실을 알고 있기에 한번 더 쿠션을 만든 것입니다. 골프뿐만 아니라 매너까지 고수의 경지에 오르신 분이었습니다.

한편, 다른 분은 골프 칠 때마다 위에 말한 "야야, 내가 하는 거 봐"를 다양하게 변주한 문장들로 훈수를 둡니다. 훈수도 가끔 둬야 듣는 사람이 감사히 받아들이지, 1스윙 1훈수의 빈도로 제게 이래라저래라 하시니 당연히 집중력이 흐려져 경기를 망치게 되었습니다(정말 훈수 때문이었습니다).

　상대보다 자신의 위치가 더 높다고 해도 조언할 때는 더더욱 존중하는 태도를 보이고, 이를 부드러운 어조로 말해야 합니다. 작은 차이 같지만 받아들이는 사람이 느끼는 차이는 생각보다 꽤 클 것입니다.

어려운 부탁을
해야 할 때 (1)

A와 B, 두 인물이 있습니다. 둘은 오래된 친구 사이로, 같이 아는 지인들도 많습니다.

어느 날 B가 A에게 말했습니다. "나 회사 동기들이랑 프로필 사진을 찍어야 하는데, 네 목걸이(고가의 명품 브랜드) 좀 빌려주라."

A가 어떻게 대응했을까요?

A는 B에게 목걸이를 빌려주지 않았고, 이에 기분이 상한 B는 A에게 쪼잔하다고 비아냥거려 둘

은 현재 인연을 끊게 되었습니다.

그렇다면 B는 어떻게 부탁해야 했을까요?

저라면 이렇게 했을 것 같습니다.

"나 이번에 회사 동기들이랑 프로필 사진을 찍을 일이 생겼는데, 네 목걸이를 걸고 찍고 싶어. 혹시 빌려줄 수 있어? 당일에 내가 너네 집으로 너를 픽업해서 같이 스튜디오까지 가고, 촬영할 때만 잠깐만 빌려주라. 그리고 근처 **호텔에서 밥 사 줄게."

1. A에게 이동 수단을 제공함
2. 목걸이라는 물건 특성상 기스가 나거나 분실하거나 끊어질 위험이 있으니 동행해서 스튜디오에서 착용하고, 촬영 때만 잠깐 대여하고 끝나고 바로 반납함

3. 물건을 빌려주고 촬영 장소까지 동행해 준 데에 대한 고마움을 호텔 식사로 보답함

위 세 가지 조건을 제시하는 겁니다.

꼭 이렇게까지 해야 하나? 라는 생각이 드실 수도 있습니다. 하지만 분명한 것은 B가 이렇게 말했다면 A는 빌려줬을 가능성이 높았을 것이라는 사실입니다. 어쩌면 "뭘 그렇게까지 해. 밥은 안 사 줘도 돼." 라며 대가는 사양했을 수도 있습니다.

아무리 어려운 부탁일지라도 결국 사람이, 사람에게 하는 일입니다.

태도를 정비하고 성의를 갖추면 사람의 마음은 움직이게 되어 있습니다.

어려운 부탁을
해야 할 때 (2)

2020년, 아주 적은 자본으로 용감한 투자를 했던 적이 있습니다. 그런데 용감하게 투자는 했지만 정부의 대출 규제로 대출금이 예상보다 적게 나와 현금이 모자라는 사태가 벌어집니다. 이에 저는 제 지인들의 힘을 총동원했습니다. 이후 한 분이 대출 만기라 원금 상환을 희망했고, 저는 누구의 힘을 빌릴까 오래 고심했습니다. 그때 저의 아내가 말했습니다.

"남편, 그 이자 다른 사람 주기 아깝다. 기왕 쓸 돈인데 우리 엄마 돈 좀 쓰면 안 돼?"

그래서 저는 아내의 부탁을 들어 장모님의 돈을 빌립니다.
이후 약속한 이자를 정확하게 드리고, 이자 소득에 대한 원천세도 정확하게 납부했습니다.

"장모님, 제발 돈 좀 빌려주십시오." 가 아니라 "제가 빌려 써 드리겠습니다." 였습니다.

저는 부모님에게 100% 신뢰를 얻은 지 오래되어, 필요할 때 부모님의 돈도 쓸 수 있었습니다.

제 어려운 부탁을 다들 쉽게 들어줄 만큼 신뢰를 얻을 수 있었던 비법은 간단합니다.

바로 "말한 것을 지킨다"입니다!

특히나 돈과 관련된 부탁은 가족 간, 친척 간에도 철저하게 계산하고 철저하게 지킵니다.

갚을 시기, 원금은 물론이고 이자와 원천세까지 계산해서 서면으로 정리해 보여 드리고, 그에 딱 맞춰서 갚습니다. 절대 하루도 미루지 않습니다.

신용 사회에서는 꾸준하게 약속을 지키고 말한 바를 지키면 됩니다. 제가 앞에서 '약속을 잘 지키는 것은 인간관계에 있어서 최고의 무기 중하나'라고 언급했었죠? 칼 같은 약속 엄수가 두터운 신뢰를 만듭니다.

이자 내역서

회차	원금	금리	초일	말일	기간	세전 이자	원천세	세후 이자
1								
2								
3								
4								
5								
6								
7								
계								

*원천세 납부로 세후 이자는 상기 금액과 미세한 차이가 있음.

돈을 빌릴 때 꼭 작성해서 제출하는 표입니다.

거절·불만 표현하는
방법

어려운 부탁을 거절해야 할 때

들어주기 어려운 부탁을 받는 일은 누구에게
나 생깁니다. 세월이 흐르고 나이가 들면 누구나
주변 사람들이 바뀌고 어느 정도는 비슷한 사람
들이 가까워져서 곤란할 일이 줄어들기는 하지
만, 거절할 일이 아예 생기지 않는 사람은 사회생
활을 전혀 안 하는 사람뿐일 겁니다.

지인에게 어떤 부탁을 듣고서 거절할지 말지, 혹은 어떻게 부드럽게 거절할지를 고민하고 있다면 이미 여러분은 거절 매너를 고민하기 시작한 셈입니다. 저도 거절 매너를 상당히 오래 고민했는데 결론은, '최대한 짧은 말로 거절하자'입니다.

거절 사유를 구구절절 말하는 게 더 좋다고 생각하시는 분들도 있을 겁니다. 하지만 아닙니다. 제 경험상 거절할 때도 거절을 당할 때도 짧은 편이 더 좋았습니다. 간절하게 부탁했던 사람들은 도리어 그 사유들을 듣느라 상처를 받을 수도 있습니다. 그리고 명확한 이유와 함께 깔끔하고 부드럽게 거절하려 했던 여러분의 의도와 달리, 더러는 그 사유를 반박하며 더 간곡한 부탁을 해서 서로가 난처해지기도 합니다.

예를 들어, 어려운 부탁의 대표적인 예인 '돈을 빌려달라'는 친구가 있다고 가정해 보겠습니다.

> "미안해. 이번 달은 내가 주머니 사정이 어려워."
> → 그럼 혹시 다음 달에는 가능해?
> "미안해. 내가 그런 큰 금액은 어려워."
> → 그럼 혹시 그보다 작은 금액은 가능해?

이런 식으로 답을 하는 대로 꼬리를 물리게 됩니다. 하지만 아래처럼 말하면 대화가 빨리 끝납니다.

> "미안해. 돈을 빌려주긴 어려워."
> → 알겠어.

곤란할수록 간단하게 말하기를 추천합니다.
거절은 핵심 이유만 짧고 굵게!

불만을 제기할 때

사회생활에서 모든 일이 뜻대로 잘 풀리고 사람들과 마음이 항상 잘 맞을 수는 없습니다. 우리는 때때로 함께 일하는 사람에게 크고 작은 불만이 생기고 불편을 느끼게 마련입니다. 경우에 따라 참기도 하지만 제대로 표현하고 이의를 제기해야 할 때도 있습니다.

모든 불만과 이의 제기는 메라비언의 법칙(99p)을 생각하며 온화한 태도와 말투로 되도록 바로바로 '질문'을 하시면 됩니다. 모든 문제는 잘 질문해서 잘 해결하는 것이 매너 있는 우리의 목표라 할 수 있습니다.

"한번 이렇게 해 주실 수 있을까요?"

"이유를 알려 주실 수 있을까요?"

"괜찮으시면 그 부분은 제가 맡아도 될까요?"

"언제까지 하면 될까요?"

"말미를 주실 수 있을까요? 언제까지는 무리인데 언제까지는 가능합니다."

쌓아 놨다가 한꺼번에 따지듯이 묻는 게 아니라 그때그때, 부드럽게 질문하시면 대부분의 문제가 쉽게 해결됩니다.

부드럽게 질문하는 매너 연습은 평소 일상생활에서도 얼마든지 가능합니다. 당장 식당에서

도 불만을 표현하는 사람들의 매너 차이를 가끔
엿볼 수 있습니다.

주문한 음식이 늦게 나올 때,
"아니, 도대체 언제까지 기다리라는 거예요?"
라고 하는 사람과
"저희가 주문한 음식은 언제쯤 나올까요?"라
고 하는 사람의 매너 온도는 확연히 다릅니다.

감정적인 어휘 사용을 배제하는 습관을 가지
려고 의식적으로 노력해 보는 것을 추천합니다.
저는 "대체", "도대체", "도무지" 등의 조금 센 말
을 문제 상황일수록 안 쓰는 것이 현명하다고 생
각합니다. 단정적인 말들은 어떤 대화에서든 분
위기를 딱딱하게 만들 수밖에 없습니다. 나 자신
이 대화 흐름을 어떻게 끌고 가고 싶은지 생각하

고, 부드러운 상황을 원한다면 부드러운 어휘를 선택하는 게 맞습니다.

　물론 말투를 부드럽게 하고 언성을 높이지 않는 것도 중요합니다. 당연한 말이지만 소리를 크게 지르며 화를 내면 말의 내용을 알아듣는 것조차 어렵습니다. 내 감정도 논리도 상대에게 정확히 전달이 되지 않습니다. 그리고 그토록 화가 날 때는 차라리 대화를 피하는 게 바람직합니다. 그렇지 않으면 나중에 후회하기 쉽습니다. 어떤 일에 격노하는 건 문제를 해결할 시간을 갉아먹는 일이 될 수도 있습니다. 화를 낼수록 원인을 따지고 사과를 요구하느라 문제 해결에서 멀어지기 마련입니다.

　문제는 불편한 상황을 없애는 방향으로 해결

해야지, 불편을 구체적으로 최대한 잘 표현하려고 감정 전달에 몰입해서는 안 됩니다. 나의 감정과 감정이 생긴 사유들을 낱낱이 전달하는 걸 논리 전개라고 착각하거나 소위 "누구 나와!" 하며 분풀이를 하려고 하면 영원히 매너 없는 사람이 되고 맙니다.

주의 사항을 말씀드립니다. 거꾸로 다른 사람의 어휘 사용이나 말투, 억양, 언성 등을 지적하는 일은 피해야 합니다.

시간의 힘을 믿어 보시기 바랍니다. 매너 있는 사람이 되면 점점 더 주변에 귀인이 늘어나고 마찰이 사라지는 걸 느끼실 겁니다.

호칭은

대화의

포문을 연다

③

비즈니스 매너

명함 관련
매너

비즈니스 생활에서 명함은 자신의 얼굴 역할을 합니다. 명함에는 이름, 직업, 직급, 소속 회사(직장인일 경우), 연락처 등 비즈니스에 필요한 많은 정보가 적혀 있기 때문에 잘 관리해야 합니다.

자신의 명함을 건넬 때는 한글이 나온 면이 보이게 하고 동시에 상대방이 읽기 쉬운 쪽으로 돌려서 전달하는 동시에 입으로 이름을 말해야 합니다. "(팀 이름) 아무개입니다."

다른 사람의 명함을 받을 때는 줄 때와 마찬가지로 두 손으로 공손하게 받되, 명함을 살펴보는 것이 좋습니다. "홍길동 팀장님, 반갑습니다.", "사무실이 ○○동에 있다고 알고 있었는데 이전하셨군요?" 등의 명함 내용을 언급하는 인사를 덧붙이며 명함을 잘 봤다는 티를 냅니다. 이렇게 하면 추후에 그 사람을 기억하는 데도 효과적입니다.

명함을 주고받은 후 회의에 들어간다면, 회의하는 내내 명함은 책상 위에 올려놓는 것이 좋습니다. 아무데나 내팽개치거나 수첩 밑에 끼워 넣으면 안 됩니다. 상대방에게도 나에게도 잘 보이는 위치에 놓아 상대를 존중한다는 뜻을 분명히 합니다.

명함을 보관할 때에는 메모를 해 두는 것도 좋은 방법입니다. 명함 앞 여백이나 뒷장에 그날 미팅에서 알게 된 상대방의 특이사항, 처음 만난 날짜 등을 적어 놓고 다음 미팅 때 언급하면(ex. 따님은 그때 초등학교에 막 들어갔었는데, 이제는 2학년이 됐겠네요?, 요즘도 그 감독의 영화를 좋아하시나요? 등) 라포(Rapport: 상호신뢰관계) 형성에 도움이 됩니다. 특히 무심코 언급한 자녀의 이름을 함께 적어 놓거나 핸드폰 연락처 저장 시 이름 옆에다 써 놓는 것(ex. 홍길동_철수_영희)은 고수의 매너팁인데 여러분들께만 살짝 알려드립니다.

회의 중 상대방 회사의 직원이
음료를 가져다 준다면?

보통 상대 회사를 방문하면 회의 초반에 회사 직원분이 음료를 가져다 주십니다.

저는 음료를 받을 때 음료를 주신 분에게,

1. (제가 이야기하는 중이라면) 이야기를 잠깐 멈추고 "감사합니다"라고 하고,

2. (상대방이 이야기하는 중이라면) 고개를 숙여 소리 없이 감사의 표시를 합니다.

승강기
매너

1. 승강기를 탈 때는 큰 소리로 이야기를 하거
   나 전화를 하지 않습니다.

   부득이하게 대화를 해야 하거나 통화를 해
   야 하는 경우에는 승강기 구석에서 벽을 보
   며 아주 작은 목소리로 말합니다.

   - 승강기에서 대화를 하면, 목소리가 울려
     다른 사람들의 귀를 힘들게 만듭니다.

   - 또한 승강기에서 생각 없이 나눈 대화(정
     보)가 예상치 못하게 경쟁사, 거래 상대방

등에게 넘어갈 수 있습니다. 이런 이유 때문에 실제로 한 대기업에서 사옥 1층에 소재한 스타벅스와 재계약을 하지 않은 사례도 봤습니다. 1층 스타벅스가 납부하는 임대료가 어마어마하고 스타벅스도 강하게 재계약 의사를 밝혔음에도 불구하고, 임대인인 대기업은 스타벅스를 방문하는 외부인들이 건물에 많이 돌아다니면 중요 정보가 새 나갈 수 있기 때문에 과감하게 임대료를 포기한 것입니다.

2. 승강기 홀에 도착했는데 승강기의 문이 닫히고 있으면 가급적이면 잡지 않습니다. 부득이하게 잡게 되면 미리 탑승해 있는 분들에게 "죄송합니다."라고 꼭 사과해야 합니다. – 왜냐하면 그분들의 시간을 빼앗았기 때문

입니다.

3. 사람들이 먼저 다 내린 후 탑승합니다.

4. 내리는 사람의 길을 막고 서 있지 않습니다.

5. 승강기 안에서는 어디가 상석이고 어디가
   하석일까요?
   제일 안쪽, 깊숙한 곳, 많은 사람들이 타자
   마자 노리는 곳이 상석이고 버튼과 가장 가
   까운 곳이나 승강기 중앙이 하석입니다. 버
   튼을 누를 일이 번거로우니 하석이라고 외
   우시면 좋을 듯합니다.

그래도 우리나라 사람들의 승강기, 운전 매너
등이 점점 개선되는 것을 느끼고 있습니다. 저도

이 책을 통해 조금이나마 우리나라의 시민의식 향상에 기여하고 싶습니다.

불특정 다수가 모이는 자리에
참석할 때 인맥을 넓히는 방법

저는 불특정 다수가 모이는 자리에 참석할 경우, 반드시 최소 한 명과는 친해진다는 생각으로 모임에 참석합니다.

업계 조찬 모임이건, 운동 모임이건 강의를 들으러 가건 간에 명함을 주고받으며, 짧은 대화를 나누면서 빠르게 저와 코드가 맞을 것 같은 사람을 캐치합니다. 그리고는 그분에게 먼저 다가갑니다. 그리고 가급적이면 모임 당일 다른 사람보다 많은 이야기를 나누고 한 달 안에 꼭 점심 식사 일정을 잡습니다.

이런 식으로 한 명 한 명씩 인맥을 만듭니다. 그러다 보면 어느덧 꽤 많은 인맥이 쌓이게 됩니다.

그 덕에 제가 자산운용사에서 재직하던 시절, 본부 내의 모든 팀장님들이 제게 정보 공유나 사람 소개를 요청했었습니다. 과차장 레벨에서 제가 아는 업계 지인의 수가 압도적으로 많았기 때문입니다.

다양한 사람들과의 인연을 만들어 두면 언젠가 여러분께 꼭 도움이 될 것입니다.

여기서 잠깐!

메디치 효과

　서로 다른 분야의 사람들이 만나 혁신을 만들어

　내는 현상을 '메디치 효과'라고 합니다.

　메디치 가문의 지원에서 유래되었다고 합니다.

전화
매너

제가 생각하는 통화 예절에 대해 몇 가지 열거해 보겠습니다. 어찌 보면 너무나 간단하고 당연한 내용일 수도 있습니다. 아시는 내용이면 그냥 복습한다고 생각해 주시기 바랍니다.

1. 비즈니스 관계에서는 휴대폰에 전화를 걸기 전에 사무실로 먼저 연락을 취합니다. 많은 사람들이 휴대폰을 업무와 사적 용도 겸용으로 사용하기 때문에 휴대폰에 먼저

전화를 거는 것에 대해 불편함을 느낄 수 있습니다.

2. 전화를 건 후, 바로 이야기하지 말고 한 템포 쉰 후 말을 꺼냅니다. 짧은 순간이지만 수신자에게 마음의 준비를 할 시간을 줘야 합니다.

3. 상대방이 전화를 걸면 어떠한 경우라도 상대방이 먼저 이야기하게 합니다.

4. 회의 도중이거나 다른 사람과 있을 때는 아주 급한 전화가 아닌 이상 받지 않거나 상대방에게 양해를 구하고 전화를 받고, 조용한 목소리로 나중에 다시 연락드린다고 해야 합니다.

5. 전화를 걸기 전에 아래와 같이 시간별 상황
   에 대해 인지합니다.

   - 아침(7:30~9:00): 아침형 인간으로 보이는
     장점이 있습니다만, 상대방도 아침형 인간
     일 경우에만 권장합니다.
   - 근무 시간: 특이사항 없음
   - 점심 시간(11:40~13:00): 전화하면 안 됩
     니다!
   - 저녁 시간(19:00~21:00): 권장하는 시간은
     아닙니다만 운이 좋을 경우 상대방과 마
     치 만나서 이야기하는 것처럼 비교적 편
     안하게 긴 통화를 할 가능성이 열려 있습
     니다.
   - 주말: 급한 일이 아니라면 카톡이나 문자
     로 먼저 통화 가능 여부를 확인합니다.

6. 전화는 상대방보다 나중에 끊습니다.

자기소개하는
방법

한때 새로운 사람들을 만나는 자리에 많이 참석했던 적이 있습니다. 다양한 분야의 다양한 연령대가 두루두루 모여 있는 자리였습니다. 그런데 각자 자기소개를 하는 자리에서 정말 놀라운 사실을 발견하게 되었습니다. 그것은 바로 자기 이름을 맨 처음에 명확하게 이야기하는 사람의 비율이 30%가 채 안 된다는 것이었습니다.

자기소개를 할 때는 제일 먼저 인사를 하고 본

인의 이름을 큰 소리로 또박또박 천천히 말해야 합니다. 부모님께서 지어 주신 소중한 이름을 자신 있게 말하는 것이 자기소개의 기본이라고 생각합니다. 인사말과 함께 이름을 말하고, 모임의 성격에 따라 자신의 회사, 업무, 전공, 관심사 등을 짧게 덧붙이면 좋습니다. 이때 목소리와 표정은 메라비언의 법칙(99p)을 참고하여 가능한 한 사람들에게 호감을 주는 쪽으로 만듭니다.

주입식 교육, 즉 듣고 읽고 쓰기만 하는 교육에 익숙하다 보니 언어의 중요한 4대 영역 중 하나인 말하기에 대해서는 트레이닝이 많이 안 된 것 같아 안타깝습니다.

이미지, 특히나 첫인상은 자신이 만드는 것입니다. 자기소개를 부끄러워하지 마시기 바랍니다. 너무 길게 얘기하는 것도 문제지만, 게 눈 감추듯 후다닥 소개하는 건 절대 긍정적인 결과를 낳지 않습니다. 주변 사람들이 당신에게 최초로, 동시에 호기심을 갖고 지켜보는 일은 다시 오기 어려운 기회입니다. 자기소개는 중요합니다.

여기서 잠깐!

만약 40대와 50대 두 지인을 서로 소개해 줘야 하는 자리에 있다면 둘 중 누구를 먼저 소개해야 할까요?

답은 40대 지인입니다. 소개하면 먼저 소개를 받은 사람이 "안녕하세요, ○○○입니다."하고 인사 겸 자기소개를 하게 되는데, 손아랫사람이 순서상 앞서 인사를 하는 게 맞는 순서이기 때문에 나이가 더 어린 쪽을 먼저 소개합니다.

음식점 예약하는
방법

1. 음식점에 전화합니다(여기서는 전화로 예약
   한다고 가정했지만 요즘은 앱을 통해 예약을
   진행하는 곳도 많습니다. 기본적인 절차는 같
   습니다).

2. 선호하는 좌석 위치가 있다면 명확히 말합
   니다.

3. 예약 시간은 약속 시간보다 뒤로 잡습니다.

예를 들어 약속 시간이 7시라면, 예약 시간은 7시 30분으로 합니다. 예약 시간보다 늦게 가면 예약이 취소되거나 음식점으로부터 전화가 오지만, 예약 시간보다 빨리 가면 별문제가 되지 않습니다. 대부분의 음식점은 30분 일찍 도착했다고 손님을 문 밖에서 손들고 서 있게 하지 않습니다.

4. 예약 후 본인의 달력에 일정을 표기합니다. 반드시 예약 직후에 곧장 해야 합니다. 그렇지 않으면 약속을 잊어버리는 심각한 상황이 벌어질 수도 있습니다.

5. 동시에 참석자들에게 카톡, 문자 등으로 공지합니다. 이때는 날짜, 시간, 장소, 인원, 예약자명 등을 넘버링해서 한눈에 들어오게

작성하면 좋습니다. 방문 후기나 지도까지 첨부하면 금상첨화입니다. 예약 직후에 이렇게 하는 이유는 추후 음식점에서 예약이 안 되었다고 할 때 해당 시간에 전화를 걸었다는 사실 확인이 가능하기 때문입니다.

예:

-7월 모임 공지-

일시: 7월 21일 (금)

시간: 오후 7시 30분

장소: **식당 (지도앱 링크 첨부)

인원: 6명

예약자명: 민경남

기타: 주차 가능합니다, 콜키지 3만 원/병

6. 누군가 본인의 사정이 생겨 약속 시간을 변

경해야 할 경우에는 약속을 변경한 당사자가 직접 식당에 예약 변경을 해야 합니다. 최초 예약을 누가 했는지는 중요하지 않습니다.

7. 그리고 약속 하루 전이나 당일 오전 정도에 미리 문자나 메신저로 "오늘 날씨가 좋네요! ○일 후에 뵙겠습니다.", "저녁에 뵙겠습니다." 등의 문구로 리마인드를 드리면 센스 있다는 소리를 들을 수 있을 겁니다.

8. 저의 경우, 단톡방에서 약속의 일시와 장소 등을 논의하다가 확정이 되면, 그 자리에서 해당 식당에 가장 먼저 전화를 걸어 예약해 버립니다.

호칭 관련
팁

호칭이 그닥 중요하지 않다고 생각할 수도 있습니다. 하지만 대화에서 호칭은 말의 포문을 여는 역할을 합니다. 호칭을 잘못 불렀다가는 본론까지 도달하지도 못할 수 있습니다.

그렇다면 호칭을 어떻게 부르는 게 올바른 방법일까요?

일단 무조건 높여 부르는 편이 좋습니다.

1. 직급 앞에 '부' 자가 있다면, '부' 자는 뺍니다.

'부' 자가 들어가면 일단 발음하기 어렵기도 합니다.

예) 부사장, 부대표, 부지점장, 부소장, 부원장

단, 사장이 옆에 있을 경우에는 당연히 부사장은 부사장이라고 불러야 합니다.

2. 사원은 '대리'로 부릅니다.

직급이 없으면 '대리'로 부르는 것을 권장합니다.

3. 가급적이면 사장님보다는 '대표님'이라고 부릅니다.

'사장님'은 살짝 올드하거나 작은 회사를 운영하는 느낌을 줍니다.

4. 직급을 모른다고 ○○○ 씨라고 부르는 것은 절대 안 됩니다.

5. 상대의 나이가 어리지 않고 조직에 속해 있지 않는 경우에는 '사장님, 선생님, 사모님'이라고 부르면 좋습니다.

6. 강사님보다는 '선생님'이라는 표현이 좋습니다.

계약서 검토 및
작성 시 팁

저는 계약서를 받으면,

1. 무조건 출력을 합니다.

   – 그래야 제 의견을 각각의 조항 옆에 기재
   할 수 있기 때문입니다.

2. 꼭 계약서 첫 장에 날짜와 버전의 숫자를 기
   재합니다.

   – 그래야 전 버전과 비교가 가능하고 버전

이 많아져도 헷갈리지 않기 때문입니다.

3. 계약서 조항도 중요합니다만 가장 중요한 '숫자'들은 엑셀로 옮겨서 별도로 검산하고 체크합니다.
   - 너무 뻔한 이야기일 수 있지만, 계약 체결일 전에 거래 상대방과 여러 차례 계약서를 주고받아 봐야 합니다. 당일에 만나서 계약서를 처음으로 보면 실수나 문제가 발생할 가능성이 매우 높아집니다.

어떤 기능은

기능을 넘어

예의입니다

④

디지털 매너

카카오톡으로 다량의 내용을
보낼 때

저는 카톡으로 여러 건을 한꺼번에 이야기할 때 아래와 같이 번호를 매깁니다.

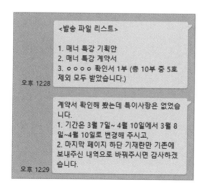

물론 각 번호마다 다른 줄에 적습니다.

번호 대신 대시(-)를 사용해도 됩니다만, 다른 사람이 특정 건에 대해 이야기를 할 때 대시보다는 번호로 언급하는 것이 편하기에 저는 번호를 사용합니다.

카카오톡으로
사진 잘 보내는 방법

카톡으로 사진을 전송할 때 간단한 팁입니다.

1. 사진이 90도 회전되어 있는지 확인합니다. 만약 90도 회전되어 있다면 반드시 원위치 시켜 줍니다.

2. Crop(주변 잘라내기) 기능으로 불필요한 부분을 잘라 줍니다. 이렇게 하면 상대방이 보기 좋을 뿐만 아니라 다른 사람이 보면 안

되는 내용이 유출되는 사고도 미연에 방지
할 수 있습니다.

스크롤 캡처하는
방법(갤럭시 기종)

스크롤 캡처란, 한 화면에 담기지 않는 캡처를 길게 한 장으로 만드는 것을 말합니다.

스크롤 캡처는 카톡 및 텔레그램 대화창, 카페, 블로그 등을 캡처할 때 유용하게 쓰입니다.

스크롤 캡처에 대한 설명과 사용 방법은 보여 드리는 것이 빠를 것 같습니다.

방법은 너무 간단합니다. 단, 이 방법은 갤럭시 기종 한정입니다.

1. 캡처를 합니다.

2. 순간적으로 좌측 하단에 나오는 스크롤 캡
   처 버튼을 누릅니다.

스크롤 캡처

그러면 다음과 같이, 길게 캡처됩니다.

스크롤 캡처 버튼을 계속 누르면 아래로 내려가서 전체 창이 연속으로 캡처됩니다.

카카오톡으로 복사가 필요한
정보를 보내는 방법

카톡이나 문자로 이메일 주소나 계좌번호 등을 보낼 때는 아래와 같이, 1개의 메시지로 보내는 것이 좋습니다.

메시지를 1개로 보내면 상대방이 복사해서 바로 사용하기에 편하기 때문입니다.

아래처럼 보내시면 복사 후 바로 사용하기 어렵습니다.

> 오키~ 국민은행 1111-12345-67890ㅋㅋ
> ㅋ

작은 차이지만 쌓이면 큰 결과를 가져올 수 있습니다.

단톡방을 만들기
전에

단톡방(단체 톡방, 여럿이 함께 채팅하는 방)을
만들기 전에 반드시 해야 할 일 한 가지가 있는
데, 그게 무엇인지 알고 계신가요?

바로 '상대방에게 단톡방에 초대해도 되는지
묻는 것'입니다.

최근에는 카카오톡에 '몰래 퇴장하기' 기능이
생겨 조용히 나갈 수도 있습니다만 그래도 단톡

방에서 나가기는 쉬운 일이 아니니 사전에 허락을 구하는 것이 좋습니다. 그리고 단톡방에 초대되는 일 자체를 꺼려하는 분들도 분명히 있기 때문입니다. 상대가 저보다 나이가 어리든 많든 상관없이 적용되는 규칙입니다.

만약 서로 잘 모르는 사이의 사람들과 함께 이야기해야 하는 경우, 저는 웬만해선 단톡방을 만들지 않습니다. 단톡방을 만들어 한꺼번에 공지하면 저야 편합니다만 예의에 어긋날 수 있는 일은 하지 않는 게 좋기 때문에 번거롭더라도 개별적으로 연락합니다.

이메일 잘 쓰는
방법

　업무의 기본 중의 기본인 '이메일 잘 쓰는 방법' 입니다. 굉장히 기본적이고 쉬운 이야기를 할 것인데, 생각보다 이를 알고 있는 사람들이 많지 않습니다. 메일은 아래와 같이 쓰는 게 바람직하다고 생각합니다. 물론 정답은 없습니다.

제목: [홍길동] ○○동 보유 부동산 관련의 건

○○○ 이사님,

안녕하세요.

홍길동입니다.

제가 보유한 ○○동 아파트(이하 '본 아파트')
관련하여 매도 타이밍을 여쭤보고자 메일 드렸
습니다.

본 아파트는 34평형이며,

○○동 ○○층입니다.

본 아파트가 속한 단지에 대해 간단히 설명드리
면,

총 1,000세대,

2007년에 준공하였으며,

대지지분은 ◯평이며,

주차 대수는 ◯◯대/세대이며,

.

.

입니다.

저는 본 아파트를 20xx년에,

500백만 원에 매수하였으며,

현재 시세는 600백만 원이며,

전세를 520백만 원에 맞춰놓은 상태입니다.

전세가율은 약 87%입니다.

월세는 최대로 받으면 20 / 2백입니다(수익률

약 4.13%).

주변 아파트 가격은,

힐스테이트는~

푸르지오는~

.

.

입니다.

제가 본 아파트를 매도하려는 이유는,

세금이~

○○동 ○○아파트가 향후 본 아파트보다 상승

률이 가파를 것으로 예상되고~

~ 이기 때문입니다.

이에 관해 의견 부탁드립니다.

감사합니다.

홍길동 드림

제목은 문장형이 아닌 구나 절 형태로, 읽는 이가 쉽게 알아볼 수 있도록 간단하게 써야 합니다.

혹시 스팸 처리될 수 있으니 발신자 이름을 제목 앞이나 뒤에 적어주시면 더욱 좋습니다.

제목을 '안녕하세요' 나 '교수님!' 과 같이 스팸 메일 제목처럼 쓰시면 절대 안 됩니다.

제가 회사 다니며 정말 바쁠 때, 업무 관련 이메일을 하루에 100~150통 받은 적이 있습니다. 아마 이 책을 읽고 계시는 분 중에 하루에 100통 가까이 이메일을 받으시는 분들이 꽤 많으실 겁니다. 따라서 제목은 용건만 최대한 간단히 쓰셔야 합니다. 그렇지 않으면 상대방이 읽지조차 않을 가능성이 높습니다. '안녕하세요' 등으로 쓰시면 소중한 메일이 스팸통으로 들어가 버릴 수 있습니다.

이메일 서두에는 수신인과 발신인이 명확하게 표시되어야 하고, 끝에는 수신인이 다시 한 번 명시되어야 합니다. 그래야 읽는 사람이 빠른 속도로 내용을 파악하기 쉽습니다.

아예 메일 서명에 아래 양식도 포함해서 저장하는 것도 시간을 절약할 수 있는 방법입니다.

○○○님,
안녕하세요.
홍길동입니다.

감사합니다.
홍길동 드림

용건은 수신인 명기 후, 바로 작성하셔서 메일을 쓴 이유를 밝히셔야 합니다. 글이나 화법이나 모두 두괄식이 좋습니다. 성격 급한 어른에게 미괄식으로 말하면 혼날 수도 있습니다.

그리고 정보나 의견을 전달하거나 설명할 때는 웬만하면 글을 아랫줄로 자주 내리시기 바랍니다. 엔터 키를 치지 않고 옆으로 주욱 설명을 쓰면 보는 사람이 정말 괴롭습니다.

참고로 저 같은 경우, 카톡 등으로 하루에 부동산 관련 질문을 평균 2개씩 받은 적도 있습니다. 1년이면 약 365일 × 2통 = 730통입니다. 본업도 있고, 투자도 하고, 이렇게 책도 쓰고, 가족들과도 시간을 보내야 하는데 옆으로 주욱 쓰시면 읽기가 어렵기에 곤란합니다.

그리고 예를 들어 부동산 투자 관련 질문을 하실 것이라면, 본인의 상황과 보유 부동산, 그리고 인근 정보 등을 최대한 자세히 쓰시기 바랍니다. 그리고 링크도 최대한 읽는 사람이 쉽고 빠르게 읽을 수 있도록 많이 달아 주셔야 합니다. 상대방에게 원하는 것을 얻으려면 최대한 상대방을 배려하셔야 합니다.

한두 줄로 물어보신다는 것은, '이거(공짜로) 분석해 주세요.' 라는 말밖에 안 됩니다.

위의 이야기는 비단 이메일 쓰기에만 한정되지 않습니다. 문자, 카톡, 댓글, 쪽지 심지어 단톡 등에서도 마찬가지로 적용됩니다.

마지막으로 맞춤법은 기본 중 기본입니다. 꼭 지키시길 바랍니다. 맞춤법이 틀리면 이메일의 내용에 대한 신뢰도가 떨어지며 나아가 그 사람에 대한 이미지도 나빠집니다.

온라인상에서 타인에게 질문하는 방법

온라인상에서 타인에게 질문을 할 일이 생길 수도 있습니다. 저는 블로그를 하기 때문에 블로그 댓글이나 안부글로 질문을 받습니다. 가장 바람직하다고 생각하는 질문 방법과 순서를 적어 봅니다.

1. 자기소개하기
2. 서두에 수신인의 이름을 적고, 왜 다른 사람이 아닌 수신인에게 이 질문을 하는지 이유

를 설명하기

3. 왜 수신인이 대답을 해 줘야 하는지 육하원칙을 고려하여 간결하면서도 명료하게 이유를 적기

4. 수신인을 배려하여 글머리 기호나 표를 사용하면 금상첨화

5. 마지막으로 맞춤법 검사하기

워드 프로그램 변경 내용 추적 기능
사용 방법

워드(Word) 프로그램에서 제가 가장 좋아하는 기능을 뽑으라면 아마도 '변경 내용 추적' 기능일 것입니다.

'변경 내용 추적'은 수정한 내역이 보이게 하는 기능입니다.

그런데 놀랍게도 이 기능을 모르는 분들을 굉장히 자주 봤습니다. 변호사를 비롯하여 계약서를 많이 보는 분들이나 출판업계에 계시는 분들이라면 거의 다 알고 있는 매우 유용하고 중요한 기능입니다.

사용 방법은 간단합니다.

검토-변경 내용 추적 기능을 켜면 끝입니다. 이 기능을 켜고 파일을 수정하면 변경 내용이 자동으로 표시됩니다. (우측 그림①)

그리고 기호에 따라 변경 내용 표시 없이 원문 혹은 수정문만 볼 수도 있습니다. (우측 그림②)

또한 변경 내용이 안 보이게 원문에 녹여 버리는 방법도 있습니다. (우측 그림③) 이 방법은 보통 2차 수정 때, 1차 수정 내용이 너무 많은 경우에 사용합니다. 1차 수정 내용을 모두 적용하여 변경 내용을 보이지 않게 한 후 2차 수정만 표시하고자 할 때 사용합니다.

예를 들면 A가 1차 수정 후, B가 해당 수정 사항에 모두 동의할 경우 ③ 적용에서 '변경 내용

모두 적용'을 실행합니다.

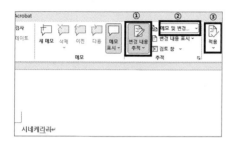

이 기능은 기능을 넘어 예의입니다. 만약 상대방에게 계약서를 수정하여 보내는데 변경 내용이 표시가 안 되어 있다면 상대방은 계약서를 처음부터 끝까지 다시 읽어야 하니 계약 조건 협상의 시간은 아마 배가 될 것입니다. 여러분도 계약 상대방과 이 기능을 활용해 협상을 하면 수정 시간을 절약할 수 있을 것입니다.

말보다 표로
설명하기

제 블로그에는 표가 상당히 많습니다.

전부 직접 엑셀 프로그램으로 만든 것입니다.

업무를 할 때뿐만 아니라, 투자 분석을 할 때도 구구절절 말로 설명하는 것보다 표로 설명하는 것이 비교도 쉽고 훨씬 간결하게 설명할 수 있습니다.

한 예로 제가 자산운용회사를 다니던 시절, 실무자들은 모두 문서를 엑셀로 만들었습니다.

만약 팀원 중 누군가가 엑셀이 아니라 워드 등

의 프로그램을 사용하여 보고서를 만들면 상사에게 혼나기까지 하였습니다.

왜냐하면 대부분의 비즈니스와 투자에서 제일 중요한 것은 숫자인데 워드로 보고서를 만들면 숫자 검증이 어렵기 때문입니다.

표는 받은 메시지나 통화 내용을 확인차 공유할 때도 유용합니다.

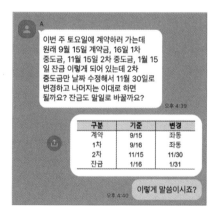

모바일에서 시네케라 블로그 전체글을 보았을 때의 목록 화면.
엑셀 표로 구성된 글이 많다는 것을 한눈에 알 수 있다.

매너는 여유에서
나온다

내 안의 여유를
확보하기 위해서는

지식, 시간, 체력
관리는 필수!

⑤

자기 관리

내 몸과 마음이 여유로워야

다른 사람을 배려하고 위하는 행동, 즉 매너를

좀 더 쉽게 실천할 수 있다고 생각합니다.

제 주위에 성공하신 분들은 이미 이를 위해

많은 노력을 하고 계시고, 저 또한 오랫동안

자기관리를 습관화하며 매너 레벨업에

박차를 가했습니다. 깔끔한 인상을 주는

겉모습 관리부터 지식을 습득하기 위한 노력,

바쁜 스케줄 속에서도 무리없는 일정 소화를 위한

시간 관리까지, 세세하지만 사소하지는 않은

제 생활 방식의 한 조각을 소개합니다.

자기관리 또한 매너의 한 부분이라고 생각합니다.

여러분도 여러분만의 자기관리법을 만들어 보시면

좋겠습니다.

매너 있는 사람의
외모

손톱

균에 가장 쉽게 노출되는 부위 중 하나가 바로 손입니다. 가장 많은 접촉이 이루어지는 신체 부위이기도 하죠. 손을 자주 씻으면 위장 질환과 호흡기 질환이 각각 30%, 20% 가량씩 감소한다는 연구 결과가 있습니다. 손 안에서도 손톱 밑은 속까지 깨끗하게 씻기 어렵기 때문에 세균에 가장 취약하고, 이런 면 때문에 긴 손톱은 깔끔한 인상을 주기 어렵습니다. 저는 매주 1회 흰 부분이 거의 보이지 않도록 바싹 깎고 다니며, 손톱깎이는 언제든 바로 찾을 수 있게 눈 닿는 곳에 보관합니다. 자녀들에게도 꼭 늘 손을 청결히 하고 손톱을 짧게 깎으라고 엄하게 교육하기도 합니다. 질병 예방과 심미적 차원, 모든 면에서 손과 손톱 관리는 중요합니다.

향

향수의 세계를 즐기시는 분들이 제 주위에도 점점 늘어나고 있습니다. 저는 한 종류에 꽂히면 그것만 쓰지만 악세사리를 바꿔 끼듯 그때그때 착장이나 날씨, TPO에 따라 다른 향을 몸에 입히는 재미 때문에 향수에 대한 관심은 꾸준히 상승하는 것 같습니다. 저는 고등학생 때부터 매일 아침 외출 전에는 향수를 꼭 사용해 왔습니다. 저녁에 강의가 있으면 강의 직전에 한 번 더 뿌리기도 합니다. 향은 체취를 가려줄 뿐만 아니라 좋은 인상을 선사하는 효과가 있습니다. 다만 너무 과하게 분사하거나 진한 향수를 뿌리고 대중교통에 타는 등의 일은 향수를 안 뿌리느니만 못하니, 적당하고 적절한 향으로 매력과 개성을 추가해 보시면 좋습니다.

체취

저는 사무실과 집 양쪽에 칫솔, 치약, 가글, 혀 클리너를 두고 다닙니다. 호감형의 얼굴로 아름다운 이야기를 하더라도 입에서 냄새가 난다면 대화가 상대의 머리에 들어오지 않을 것입니다. 오히려 근처에서 입을 여는 순간마다 흡, 하고 숨을 참으며 긴장하게 되겠죠. 그리고 가끔 속이 안 좋으면 입을 통해 냄새가 올라올 수도 있는데, 항상 긴장을 늦추지 말고 자가 점검을 통해 구취를 확인하며 이를 방지하려는 노력을 합시다.

또한 규칙적인 샤워는 현대 사회에서 필수입니다. 간혹가다 귀찮다고 물로만 샤워를 하시는 분들이 있는데, 바디 워시나 비누로 꼼꼼하게 문지르며 씻어야 합니다. 너무 당연한 이야기일 수 있지만 샤워도 빨래도 귀찮다고 미루는 순간 누군가는 불편을 감내해야 합니다.

저는 여름철에는 여분의 셔츠 한두 벌을 사무실에 두고 다닙니다. 땀이 많이 났지만 씻을 수 없는 상황에서 비즈니스를 함께하는 동료나 거래처 상대방에게 최대한 폐를 끼치지 않으려는 매너입니다.

패션

제가 대단한 패셔니스타도 아니기 때문에 패션에 대해 구체적인 스타일 조언을 하는 일은 무리겠습니다만, 한 가지 말씀드릴 수 있는 사실은 바로 튀지 않고 깨끗한 단색 옷은 누구에게나 무난하게 통한다는 것입니다. 제 주변에도 물론 화려하고 패턴이 많은 패션을 즐기시는 분들이 있습니다만 저는 소화하기 어려워 단정하고 깔끔한 옷을 선호하게 되었습니다. 그러고 보니 제 지인 중 한 분은 양말까지도 신경써서 예쁘게 신고 다닙니다. 이미 양말을 좋아하고 예쁜 양말을 골라 신는 분들도 당연히 계시겠지만 저에게는 다소 충격이었습니다. 남자는 안경, 시계, 신발만 잘 갖춰 착용하면 되는 줄 알았는데 서 있으면 잘 보이지도 않는 양말까지 신경쓰다니 세상에는 배울 것이 무궁무진한 것 같습니다.

지면 신문
구독하기

저는 지면 신문과 경제 주간지를 꾸준히 보고 있습니다. 종종 중요한 기사에는 밑줄을 쳐 가며 읽고 있는데, 저 뿐만 아니라 제 주변의 현인들은 대부분 동일한 방법을 취하고 있는 것 같습니다.

제 친구의 경우, 회사에 가면 각종 지면 신문이 비치되어 있음에도 불구하고 집에서 구독해서 출근 전에 읽는다고 합니다. "난 누가 먼저 읽지 않은 빳빳한 새 신문을 봐야 좋더라."라고 했습니다.

또 가까운 의사 지인 한 분은 약 25년 전에 제게 경제 신문을 읽으라고 권해 주셨습니다. "처음에는 모르는 내용이 많겠지만 꾸준히 읽다 보면 모르는 내용이 점점 줄어들 거다." 라고 덧붙이셨습니다. 그래서인지(?) 그분은 현재 천억대 부자 사업가가 되었습니다.

스마트폰 안에서 손가락만 몇 번 움직이면 전 세계의 모든 뉴스를 볼 수 있는 시대에 왜 꼭 지면 신문을 봐야 할까요?

첫 번째, 인터넷 기사는 중요한 기사보다는 단순히 조회수를 올리기 위한 가십성 기사가 상단에 배치됩니다. 이런 기사들은 대부분 삶에 도움이 되지 않습니다. 그러나 지면 뉴스는 내용의 중요도에 따라 차지하는 면적의 크기가 달라지기 때문에 무엇이 중요하고 꼭 필요한 내용인지 가시적으로 파악하기 쉽습니다.

두 번째, 오려서 보관하거나 밑줄을 치는 등의 메모가 가능합니다. 인터넷 기사도 물론 캡처하거나 프린트해서 보관할 수 있겠지만, 광고 때문에 깔끔하게 보관하기에 한계가 있을 것입니다.

추가로 지인이나 지인 관련한 일이 지면 신문에 게재됐을 경우, 해당 기사를 직접 잘라서 보여주면 대부분 기뻐할 것입니다. 제가 종종 점수 얻을 때 쓰는 방법입니다.

세 번째, 기사 양 사이드나 중간에 현란하게 움직이는 광고 배너가 없습니다.

네 번째, 지면 신문에는 댓글이 없습니다.

다시 제 이야기로 돌아가겠습니다. 지면 신문 덕분에 세상이 어떻게 돌아가는지 점점 알아가고 있습니다. 물론 그 덕에 돈도 벌었습니다. 신문을 읽으며 회사도 발굴하고, 여러 가지 투자 아이디어도 얻습니다. 새로 나오는 정책도 꼼꼼히 읽고 그에 대한 대응 전략도 세웁니다. 1년 구독료가 대략 20만 원 정도인데 그 수백 배는 신문 덕에 번 것 같습니다.

그리고 돈을 지불하시면 아까워서라도 보시게 됩니다. 지면 신문 구독은 작은 투자입니다.

절대로 밑지는 장사가 아닙니다. 꼭 지면 신문을 구독해 보세요!

경제 공부를 처음 시작하는
분들께 드리는 7가지 팁

많은 젊은 분들로부터 어떻게 경제 공부를 시작해야 하냐는 질문을 받았습니다. 사실 저는 경제학과도, 경영학과도, 기타 경제 관련 학과 출신도 아닙니다. 저는 건축학과 출신입니다(물론 학교 다니며 경제학개론, 경영학개론, 미시 및 거시 경제학 등은 수강하였습니다). 그렇기 때문에 아직도 경제 부분에 대해서 아는 것보다 모르는 것이 훨씬 많습니다. 그리고 무엇보다도 경제는 생물처럼 항상 유동적으로 변하기 때문에 평생 공부해야 하는 과목이라고 생각합니다.

자! 그럼 거두절미하고 경제 공부 방법을 설명 드리겠습니다.

첫 번째로, 경제 신문을 많이 읽습니다. 앞에서 이미 언급했지만 인터넷 신문이 아니라 지면으로 된 신문을 구독하여 읽습니다. 신문에 실리는 경제 관련 광고 기사에도 관심을 기울입니다. 광고를 통해 최신 트렌드 주식 종목 발굴 등을 할 수 있습니다. 읽다가 중요한 내용이 나오면 가위로 오려 내고 스크랩북에 붙이고 밑줄을 치며 다시 읽어 봅니다. 읽고 직장 상사에게 요약 보고해야 한다는 생각으로 읽습니다.

두 번째로, 연구소에서 나온 보고서를 많이 읽

습니다. 출력과 밑줄 치기는 기본입니다. 필요할 경우 2~3회독도 합니다. 개인적으로는 KB금융 지주 경영연구소 보고서를 즐겨 읽고 좋아합니다. 그리고 통계청, 기획재정부, 국토교통부, 한국은행, 금융감독원 등 주요 사이트에 수시로 들어가 봅니다.

세 번째로, 인사이트가 있는 블로그를 꾸준히 읽습니다. 블로거 분들 중에는 상업적인 목적 없이 그저 글 쓰는 것 자체를 즐기고 좋아하는 훌륭한 분들이 꽤 계십니다. 이분들을 통해 분석력을 키웁니다.

네 번째로, 책을 많이 읽습니다. 책이 좋다는 데에 굳이 설명이 필요할까요? 책 안 읽어도 부자가 된다는 사람도 많습니다. 요즘은 유튜브로도 많이 지식을 습득합니다. 그러나 글은 자신의 이해 속도에 맞춰 읽을 수 있다는 장점을 가지고 있습니다. 그리고 공신력 있고 정제된 지식이 담긴 데다가, 오래오래 보관할 수 있는 매체는 책밖에 없습니다.

다섯 번째로, 강의를 수강합니다. 일단 유료 강의를 결제하고 나면 자연스럽게 열심히 공부하게 됩니다. 온라인 강의가 아니라 오프라인 강의를 수강합니다. 그리고 경제나 투자 이야기를 나눌 수 있는 사람이 필요하기에 강사님과 인사를 나누고 뒤풀이 등을 통해 인연을 맺습니다. 강의 자체도 중요하지만 이렇게 사람을 알아 가는 일 또한 상당히 중요하다고 생각합니다. 그야말로 일석이조입니다.

여섯 번째로, 투자 스터디에 참여해 봅니다. 투자 스터디를 통해 생각과 목표가 비슷한 분들과 모여 공부합니다. 임장을 몇 번 가 본 분은 아시겠지만, 투자는 생각보다 외로운 일입니다. 이렇게 외로운 길을 다른 사람들과 함께 간다면 외로움이 반감될 뿐만 아니라 제 물건과 사랑에 빠지는 일을 방지할 수 있습니다.

(참고로 저는 더 이상 다섯 번째와 여섯 번째 방법은 쓰지 않습니다. 기존 투자 스터디 등을 통해 투자에 대해 이야기를 나눌 수 있는 동지가 이제 많이 생겼기 때문입니다. 그리고 너무 많은 인맥은 오히려 독이 될 수도 있다는 사실을 명심하시기 바랍니다.)

여기서 잠깐!

던바의 법칙

영국 인류학자 로빈 던바(Robin Dunbar)교수는 한 명이 진정으로 사회적인 관계를 가질 수 있는 사람의 최대 인원은 150명이라고 주장했습니다.

일곱 번째로, 글을 써 봅니다. 투자 관련 글을 쓰려면 논리적이어야만 합니다. 투자 자체가 논리 게임이기 때문입니다. 집필을 하다 보면 스스로의 생각에 대해 반성해 보는 시간을 가질 수 있는 데다가 언어의 네 가지 영역인 말하기 & 듣기 & 읽기 & 쓰기 중 잘 안 쓰는 영역인 쓰기를 사용하기 때문에 두뇌 능력이 향상됩니다. 이 점은 제가 블로그에 글을 쓰며 몸소 느꼈던 점입니다.

마지막으로, 가장 중요한 방법입니다. 그것은 바로 좀 더 부지런해지는 것입니다. 투자에는 끈기가 필요합니다. 투자의 3요소는 분석력, 자본력 그리고 제일 중요한 실행력입니다. 시간을 분 단위로 쪼개 쓰고, 이렇게 확보한 시간으로 위 7가지 방법을 꾸준히 실천해야 합니다.

나의 시간 관리
방법

저는 대학생 때는 무조건 개근하였기에 출석 점수에서 감점을 당한 적이 한 번도 없습니다. 1교시 수업이 없는 날에는 아침 일찍 일어나 토익 학원에서 수업을 들은 후에 학교로 향했고, 학교를 마친 후에는 영어 학원에서 회화를 배우고 체육관에서 복싱을 하고 하루를 마감했습니다.

직장 생활을 하던 2016년, 저는 통근 시간 동안 블루투스 키보드와 에버노트를 활용하여 지하철에서 첫 번째 책을 썼습니다. 다른 것은 몰라

도 시간 관리와 부지런함, 그리고 성실함은 자신
있습니다.

그럼 지금부터 제 시간 관리 팁 중 몇 가지만
간단하게 써 보겠습니다.

1. 새벽에 일어나면 운동부터 합니다.

왜 제일 먼저 운동부터 하냐고요? 시간을 쪼개
서 투두 리스트의 할 일을 하나하나 지워 나가려
면 체력이 필요하기 때문입니다. 기력이 없으면
피곤해서 금세 몸이 늘어지고, '에이, 이렇게 피
곤한데 어떻게 해?' 하고 자기합리화의 늪에 빠
지게 됩니다. 힘들더라도 규칙적인 운동으로 체
력을 비축해 둬야 여러 일을 해낼 수 있습니다.
심지어 매너도 체력이 있어야 지킬 수 있습니다.
건강하고 넉넉해야 어른다운 행동을 할 여력이
생기기 때문에 어른들의 성적표는 건강과 순자

산이 기준이라는 말도 있습니다.

아마 어린 독자분들은 공감하기 어려울 수도 있습니다만, 나이 들수록 체력적인 문제 때문에 하고 싶던 일들을 시작하지 못하는 분들이 많습니다. 뿐만 아니라 소화도 안 되고, 기존에 가지고 있던 질병들도 악화되며 근육량과 지방량은 서로 반대 방향으로 질주하기 시작합니다. 그렇기 때문에 운동은 필수입니다.

그런데 매일매일 할 일이 무자비하게 쌓이면 운동은 다른 일보다 순위에서 밀리게 됩니다. 저의 경우 독립한 이후 점점 더 바빠지고 있습니다. 따라서 일어나자마자 운동을 하지 않으면 그날은 운동을 못하게 되더군요. 그렇기에 운동을 하루 일과 중 가장 먼저 해치워서 뒤로 미룰 여지를 아예 없애 버립니다.

2. 연락은 이동 시간에 한꺼번에

메모장에 연락을 해야 할 사람들을 기록해 놓고 이동 중에 몰아서 연락을 합니다. 만약 꼭 연락할 사람이 없으면, 가족이나 가까운 사람 또는 투자 동지들에게 연락하여 안부를 주고받습니다.

3. 일찍 퇴근하여 시간을 아낍니다.

점심 식사 후 3~4시간을 집중해서 일하다 보면 에너지가 방전되어 버리기 쉽습니다.

그럴 때는 아예 짐을 싸서 퇴근해 버립니다. 그리고는 집 근처 카페에 자리를 잡고 퇴근 시간까지 일을 합니다. 이렇게 하면 이동 시간을 활용해서 뇌를 쉬게 할 수 있고, 퇴근 시간보다는 적은 교통량 덕분에 길에서 버리는 시간을 줄일 수 있습니다.

4. 일찍 잡니다.

늦게 자면 밤에 TV나 스마트폰을 보느라 시간을 비효율적으로 쓰게 될 수도 있습니다. 그래서 저는 그냥 아이들 자는 시간에 맞춰 같이 일찍 자 버립니다. 단, 이 생활이 몇 년 동안 지속될 경우 저녁 8시 이후에는 지인들의 전화가 걸려 오는 일이 거의 없어져 버리는 것은 감수해야 합니다.

5. 잠은 푹, 많이 잡니다.

저는 하루에 최소 7시간 이상은 자려고 노력합니다. 물론 어렵습니다. 그리고 만약 새벽에 일찍 일어나 버리면 더 자려고 노력하지 않고 그냥 일어나서 일과를 시작합니다.

달력에 적힌 제 일정은 보통 아래와 같습니다.

-미팅

-아침, 점심, 저녁 약속

-이자 납부일

-임대료 납부일

-임대료 수령일

-급여 이체일

-교육비 이체일

-4대 보험료 지급일

-세금 납부일

-강의일

-자문일

-세금계산서 발행일

이 중 이자, 임대료, 급여, 교육비 등 매월 또는 매 분기 발생하는 이벤트는 달력에 표시해 놓고, 임무 완수 시 익월의 동일한 일자로 옮겨 놓습니다.

물론 달력의 '반복' 기능을 사용해도 되지만 그렇게 되면 달력에 이벤트가 너무 많아 보기 불편하고, 날짜를 옮기면서 다시 한번 체크할 수 있으므로 이렇게 원시적인 방법을 사용합니다.

일정에 범주별로 색상을 입히면 더욱 보기 편합니다. 저 같은 경우, 저녁 일정은 빨간색, 점심약속은 녹색, 미팅은 청록색, 자문은 노란색 등으로 표시합니다.

또한 미정인 일정에는 해당 일정 뒤에 물음표'?'로 표시해 놓습니다.

일정 관리의 핵심 중 하나는 일정이 확정되는

직후 달력에 표시하는 것입니다.

그 덕에 일정을 놓친 적은 거의 없습니다.

물론 1년에 한두 번 정도는 실수를 하기도 합니다. 하지만 모든 일정을 여유롭게 만들면 그 실수를 만회할 시간이 확보되기에 남들보다 일찍 움직입니다. 디지털 노마드 시대에 핸드폰만 있으면 웬만한 일은 할 수 있으니 약속 시간보다 아주 일찍 도착하려고 합니다.

그리고 추가적으로, 다른 달력 앱에 운동일이나 기타 표시해야 할 날짜를 기록합니다.

일	월	화	수	목	금	토
30	31	1 6.15 |유1	2	3	4	5
6 |유2	7	8 입추	9	10 말복	11 |예3	12
13 |유4	14	15 광복절	16 7.1	17	18 |예5 |6	19
20 |유7	21	22	23 처서	24 |유8	25 |예9	26 |예10
27 |복11	28	29 |유12	**30** 7.15	31	1	2

이 캘린더는 제가 운동한 일자를 기록한 것입니다. 제가 알아볼 수 있는 한 글자로 어떤 운동을 했는지 표시하고('웨'는 웨이트 운동, '유'는 유산소, '복'은 유산소와 웨이트를 합친 복합 운동, '키'는 키즈 카페에서 아이들과 뛰논 것입니다.) 그 운동이 그 달의 몇 번째 운동인지도 숫자로 적습니다. 지난 달에는 운동을 12번 했네요.

이렇게 단순하게 관리합니다.

시간 쪼개기의
기술

시간 관리에 대해서 조금 더 구체적이고 자세하게 말씀드려 보겠습니다. 제가 직장에 다닐 때 이야기입니다. 지하철을 타러 걸어가는 길에 오늘은 지하철에서 무엇을 할지 생각해 봅니다.

자! 제게 40분이 주어졌습니다. 탑승 전에 우선 할 일을 아래와 같이 열거해 봅니다.

– 경매 사이트 물건 검색: 8분

– 투자 모임 후기 작성: 15분

- 지인들과 의사소통: 7분

- 블로그 포스팅: 나머지 시간

저는 이렇게 시간을 아끼며 살아가고 있습니다.

시간이 없다는 말은 핑계입니다.

알람과
타이머

저는 휴대폰 알람과 타이머 기능을 정말 많이 씁니다.

매일, 혹은 매주 정기적으로 하는 일에 활용하기

기본적으로 기상 시간, 주식 시장 개장 시간, 청소 점검 시간 등 정해진 루틴 시간에 알람을 맞춰 놓습니다.

준비를 시작해야 하는 시간에 맞추기

정신없이 일하다 보면 약속 시간에 못 맞출 수 있기 때문에 미팅, 약속 등에 나가기 위해 준비를 시작해야 할 시간을 미리 계산해서 알람을 맞춰 놓습니다. 예를 들어 11시 30분에 사무실 바로 앞에서 점심 약속이 있을 경우, 대략 11시 5분쯤 알람이 울리도록 설정합니다. 알람이 울리면 후다닥 준비를 시작합니다.

강의에 활용하기

프로는 강의할 때도 시작과 종료 시간을 정확하게 지켜야 합니다. 저도 프로가 되고자 7시부터 2시간짜리 강의를 시작할 경우 6시 55분 시작 알람은 물론이고, 쉬는 시간인 7시 50분과 강의 종료 시간인 8시 50분에 알람을 설정합니다. 또한 쉬는 시간이 시작할 때, 시작과 동시에 10분을 타이머로 맞춰 놓습니다. 강의 보조를 지원하시는 분이 있을 경우 "끝나기 10분 전입니다." 등의 사인을 강사에게 몰래 알려 주기도 합니다만 저는 그냥 대놓고 핸드폰 알람 기능을 사용합니다.

친구들과의
프레젠테이션

한 초등학교 동창 친구의 제안으로 '올해 그리고 내년'이라는 비교적 자유로운 주제로 각자 발표를 해 보기로 했습니다. 원래는 친구들과 같이 모이면 항상 술만 마셨는데 이번에는 더 의미 있는 시간을 만들어 보기로 했습니다. 아내는 이 계획을 듣더니 '아하하하! 나도 가서 듣고 싶다. 너무 재미있겠다.'라고 하더군요.

그날은 멤버 13명 중 9명이 참석하고, 4명이

발표했습니다.

모두 올해의 성과와 내년의 계획에 대해 이야기했습니다. 한 가지 주제에만 집중해서 이야기한 친구도 있고, 여러 가지를 이야기한 친구들도 있었습니다.

한 친구는 전날 야근하며 자료를 만들었다고 합니다. 저도 발표 자료 만드는 데 최소 5시간은 쓴 것 같습니다.

- 다들 올해 한 일을 돌이켜보고 정리하는 시간을 가졌습니다.
- 지방 투자를 안 하던 친구 한 명은 ○○ 지역 분양권 투자를 한 이유를 발표했습니다. 지방 투자는 마치 중소형주와 같아 분석해야 할 내용이 서울 아파트 대비 비교적 적어 보이는 느낌을 받았습니다.

– 한 친구는 대출을 많이 받아 상가를 매입한
  이야기부터 올해 있었던 큰 고충들까지 이
  야기해 주었습니다.
– 마지막 친구는 회사에서의 실적을 2GB 용량
  의 동영상까지 만들어 와서 발표했습니다.

  30년 지기 친구들이지만 서로에 대해 좀 더 자
세히 알게 되는 시간이었습니다.

  각자에게 주어진 시간은 30분. 자료 취합하며
파일을 살짝 열어 보곤 모두 더 오래 걸릴 것 같
다고 판단했습니다. 어떻게 730일의 이야기를
30분 만에 풀어내겠습니까? 발표자 전원이 제한
시간을 넘겨 밤 10시가 되어서야 저녁 식사를 시
작했습니다.

  아직까지도 1~2년에 한 번씩 연말에 모여 한
해를 돌이켜보고 내년은 어떻게 보낼지 생각해

보는 의미 있는 시간을 보내고 있습니다.

저자도 자기가 쓴 책을 구입합니다

'저자는 본인이 쓴 책을 아주 많이 가지고 있을 거야.'

라고 생각하시는 분들이 가끔 있는 것 같습니다. 하지만 이는 완전히 틀린 생각입니다. 출간 직후 증정본으로 꽤 받기는 합니다만 초기에 금방 소진됩니다. 저를 비롯하여 모든 저자들은 자기가 쓴 책을 출판사에서 돈을 주고 구입합니다.

대학생 때 일입니다. 제 친구의 아버지가 책을 출간하셨는데 제가 친구에게 아버지의 책이 갖고 싶다고 한 권만 달라고 했었습니다. 그러자 얼마 후 친구의 아버지 사무실에서 저자의 친필 사인이 된 책을 한 권 보내 주셨습니다.

당시에는 이 행동이 얼마나 무례한 행동인지 전혀 몰랐습니다. 저자도 책을 구입한다는 사실, 택배까지 보내야 하는 번거로움 등을 전혀 생각하지 못했습니다. 그래서 이 책 <돈을 부르는 매너>가 출간되면 제일 먼저 친구 아버지께 17년 전에 죄송했다는 사과의 편지와 함께 여러 권 보내드릴 계획입니다.

이렇듯 독자로서도 저자로서도 모자랐던 사람이지만, 제 글을 좋아해 주신 블로그 이웃분들과 텔레그램 구독자분들의 응원에 힘입어서 이렇게 세 번째 책이 나올 수 있었습니다.

감사와 사과를 제대로 표현하는 일이 매너의 기본이라고 앞서 말씀드렸는데, 매너 능력의 성장 과정 자체가 부끄럽고 미안한 순간, 고마운 순간들 하나하나가 모여서 만드는 커다란 흐름 같다고 느낍니다.

앞으로도 독자 여러분과 함께 성장하고 싶습니다.

이 책을 펼쳐 주셔서 감사합니다.

후기

<돈을 부르는 매너>는 저의 세 번째 책이지만 어쩐지 첫 번째 책보다 더 떨립니다.

'매너'에 대해 아는 척을 있는 힘껏 했더니 어느새 책 한 권이 되었습니다.

사실 '매너'에 대해 무지했기 때문에 이 책이 나왔음을 고백합니다.

제가 블로그에 차곡차곡 올려 둔 매너에 대한

이야기들은 애초에 제 자신을 채찍질하는 기록에 가까웠습니다. 매너를 잘 몰라서 저도 모르는 새에 결례를 저지르고 얼굴이 붉어지는 경험을 할 때마다 '다시는 이런 부끄러움을 겪지 말아야지.'하고 수첩에 기록했던 것이 그 시작이었기 때문입니다.

2023년 6월 출판사 대표님과 인연이 닿아 첫 미팅을 하게 되었습니다. 이전에 출간한 두 권의 책과 비슷한 부동산 주제가 아닌, 비즈니스 매너를 주제로 책을 내자는 제안을 받았습니다.

오래전부터 관심을 두던 주제였지만, 저 스스로 매너뿐 아니라 여러 면에서 아직 많이 서툴고 모자람을 잘 알고 있었기에 책을 출간하는 것에 대해 망설일 수밖에 없었습니다. 하지만 출판사 대표님은 제 망설임을 듣고 오히려 반가워하는 눈치였습니다. "대표님! 이 책은요. '에헴 에헴~

내가 말이지…' 같은 느낌이 아니라요. '형이(오빠가) 이렇게 해 봤는데 참 좋더라. 독자 여러분들도 이렇게 해 보시면 어떨까요?' 같은 느낌으로 펴내면 좋을 것 같은데요?" 이 말에 저는 힘을 얻고 용감하게 책을 내기로 결심합니다.

제 전작들은 부동산 투자에 대한 것이었지만, 이번 책은 주변에서 보고 배운 바를 정리한 것입니다. 제 주변 모든 지인분들과 함께 쓴 책이라고 느낍니다. 지나온 모든 시간 속에서 제 부족한 모습들을 너그러이 봐주시고 가르침을 주신 인생의 선후배님들께 이 자리를 빌려 감사를 표합니다. 비단 매너뿐 아니라 부동산이나 엑셀을 주제로 강의할 때에도 인생 선배님들의 지혜에 빚진 느낌을 받아 왔습니다. 살아가는 동안 앞으로도 계속해서 배우고 성장해 나가겠지만, 제가 배운 만큼을 이 책의 독자 여러분께 나눠 드리고 싶었습니다. 언젠가 독자 여러분 중 누군가는 저보다 훌륭한 비즈니스 매너를 알려 주실 거라 기대합니다.

작은 바람이 있다면, 독자분들께 이 책이 한 번 읽고 끝내는 책이 아닌 곁에 두고 몇 년에 한 번씩 다시 읽어 보는 책이 되었으면 합니다.

몇 년 후에는 처음 읽었을 때는 보이지 않던 것들도 새롭게 보일 것입니다. 이 책을 펼친 여러분은 성장하고자 하는 분들인 만큼, 해가 갈수록 반드시 지금보다 앞으로 나아갈 것이 분명하기 때문입니다.

독자 여러분께 이 책이 매너에 대한 자신감을 갖게 해 주는 불쏘시개가 되리라 믿습니다.

나의 매너를 성장시키는 책으로서 애용되고 남의 매너를 지적하고 평가하는 용도로 활용되지 않기를, 저를 포함한 우리 개개인 스스로의 매너를 키워 나가는 데에 도움이 되는 책이 되기를 희망합니다.

매너가 사람을 만든다지만, 사람들이 살아가면서 만든 게 매너이기에 누구나 매너왕이 될 수 있음을 믿습니다.

우리 모두의 매너를 응원합니다.

돈을 부르는 매너

지은이 | 민경남(시네케라)

펴낸날 | 2023년 9월 13일 초판 1쇄

책임편집 | 이정

디자인 | 조슬기

펴낸이 | 차보현

펴낸곳 | 데이원

출판등록 | 2017년 8월 31일 제2017-000322호

편집부 | 070-7566-7406, dayone@bookhb.com

영업부 | 070-8623-0620, bookhb@bookhb.com

팩스 | 0303-3444-7406

돈을 부르는 매너 ⓒ민경남(시네케라), 2023

ISBN | 979-11-6847-607-3 (02190)